Günter Ohnemus, 1946 geboren,
lebt als freier Schriftsteller und Übersetzer in Freising.

Im MaroVerlag sind außerdem erschienen:

ZÄHNEPUTZEN IN HELSINKI

DIE LETZTEN GROSSEN FERIEN

67 ANSICHTEN EINER FRAU

Im Frühjahr 2014 erscheint bei C.H. Beck

der Roman AVA

Günter Ohnemus

LOVE, LIFE, TENNIS
AND
ALL THAT JAZZ

Maro Verlag

© 2014 by MaroVerlag
Alle Rechte vorbehalten

1. Auflage März 2014

Umschlag: Rotraut Susanne Berner
Satz aus der Sabon
Druck und Bindung: CPI, Leck

Gedruckt auf säurefreiem, alterungsbeständigen Werkdruckpapier

Bibliografische Information der Deutschen Nationalbibliothek:
Die Deutsche Nationalbibliothek verzeichnet diese Publikation in der Deutschen Nationalbibliografie; detaillierte bibliografische Daten sind im Internet
ber http://dnb.d-nb.de abrufbar.

ISBN 978-3-87512-460-6

Für Juliane Köhler in Frankfurt am Main

Vorwort

Letzten Sommer, 2013, sind ein paar Dinge passiert, die mich auf den Gedanken gebracht haben, daß ich vielleicht einmal die Geschichten und Textpassagen aus meinen Büchern sammeln sollte, die mit Tennis zu tun haben. Eins dieser Dinge war ein wiedergefundener Brief (oder die erste Seite dieses Briefs) den ich vom Rand eines Tennisplatzes gestohlen habe, als ich vierzehn war. Das heißt, wirklich gestohlen habe ich ihn nicht. Ich habe ihn mitgenommen, ohne daß ich es gemerkt habe. Und als ich es gemerkt habe, war es schon zu spät. Ich konnte ihn nicht mehr zurückgeben. Ich gebe ihn jetzt, indirekt, in einer Geschichte in diesem Buch wieder zurück.

Es war nicht leicht, einen Titel zu finden, weil jedes Buch mit nur Tennis im Titel unweigerlich in der Hobbyabteilung unserer Buchhandlungen landen würde, neben Büchern über Modelleisenbahnen, Drachenfliegen und Tulpenzüchten oder Ungezieferbekämpfung, wobei Ungezieferbekämpfung genaugenommen kein Hobby sein dürfte. Die Hobbyabteilung wäre für dieses Buch hier ein denkbar schlechter Standort. Absolut irreführend. Die Leute würden erwarten, daß sie nach der Lektüre einen besseren Aufschlag haben oder mit den Volleys besser zurechtkommen oder sonstwas, während ich hauptsächlich für meine Doppelfehler berühmt bin und nicht für die Asse, die ich schlage. Nein, dieses Buch gehört wirklich nicht in die Hobbyabteilung, und außerdem hat die letzte Geschichte überhaupt nichts mit Tennis zu tun. Sie muß nur da stehen, wo sie steht. Sie gehört genau da hin.

Einen Titel zu finden, war also schwierig, aber auf einmal kam ganz selbstverständlich aus dem Himmel, aus dem unsere Einfälle kommen, dieser Titel: *Love, Life, Tennis and All That Jazz.* Er kam so selbstverständlich, als hätte er nur darauf gewartet, und er ist eine ziemlich genaue Beschreibung dieses Buchs. Von einen solchen Buch erwartet wahrscheinlich niemand eine Verbesserung seines Aufschlags.

Natürlich ist es ein Problem, daß ein deutsches Buch einen englischen Titel hat, aber Benno Käsmayr, der ja schließlich mein erster Verleger war, hat ganz ungerührt bemerkt: *Den* Titel nehmen wir! (Wie gut, daß Maro keine eigene Marketingabteilung hat.) Danach wollten wir uns beide nichts anderes mehr einfallen lassen.

JANUAR 2014

8

Die letzten Grossen Ferien

– für George, der einen so tollen Aufschlag hat

Du schlägst die Augen auf, und der Himmel steht groß und blau vor dem Fenster wie das Glück. Du hörst, schon jetzt am Morgen, das Plopp, Plopp *der Tennisbälle, hörst das leise Keuchen der Spieler, hörst Schritte, die ans Netz laufen, siehst die braunen Knie des Mädchens, mit dem du letzte Nacht getanzt hast. Knie, Mund, Nase, Augen. Du wirst heute mit ihr spielen. Aufschlag, Volley, Cross, Longline. Zwei Stunden lang wirst du mit ihr spielen, und du wirst sie nicht aus den Augen lassen, du wirst sie fast ein halbes Jahrhundert lang nicht aus den Augen lassen, aber das weißt du heute noch nicht.*

Aufschlag, Volley. Ihre Knie, ihr Mund. Cross, Longline. Ihre Nase, ihre Augen, und was für ein Jahr ist das jetzt im zwanzigsten Jahrhundert, was für ein Tag, an dem der Himmel so groß vor deinem Fenster steht?

1986?

Oder 1946?

Oder 1942?

Ihr werdet heute zusammen Tennis spielen, und du wirst sie danach fast ein halbes Jahrhundert lang nicht aus den Augen lassen, aber das weißt du heute noch nicht.

Es gibt so viel, was du noch nicht weißt. Du denkst am Abend und in der Nacht an ihre Knie und an ihren Mund, und plötzlich sind die Flugzeuge über der Stadt, und die Bomben taumeln durch den Himmel, stürzen sich auf die Stadt, reißen Löcher in die Tennisplätze und die Cricketfelder, detonieren im Swimmingpool und zerbersten mitten zwischen den Lichtern und den Partys. Die Menschen schreien und kreischen, Tische kippen um, Cocktailgläser zerspringen. Blut auf einem weißen Abendkleid.

Du rennst auf die Straße hinaus und durch die Stadt, und überall siehst du Soldaten. Soldaten überall, und die Stadt brennt. Häuser stürzen krachend zusammen, und überall laufen Soldaten durch die brennenden Straßen, die so heiß sind, daß die Leichen innerhalb von ein paar Stunden verfaulen.

Jemand hat den Befehl gegeben, die Alkoholvorräte der Stadt in den Kanal zu schütten, fünfundzwanzig Millionen Liter Whisky, Gin, Wein und chinesischer Schnaps, und jetzt stinkt die sterbende Stadt nach Alkohol wie ein alter Säufer, der bei lebendigem Leib verbrennt, und überall sind Soldaten, überall Tote und Blut und Tränen und Schleim und Benzin, und wer noch nicht ganz tot ist, wer wieder ins Leben zurückgestoßen werden soll, der entkommt den Soldaten doch nicht, die überall durch die Straßen laufen und das Hospital stürmen und jeden erstechen, den sie dort finden, sogar den auf dem Operationstisch. Sie erschießen sie nicht, sie erstechen sie alle, und wieder spritzt Blut und Schleim, während draußen die Flammen prasseln und hier drinnen der Tod leise mit Messern kommt.

Du rennst durch die Straßen, weil du zu dem Mädchen mußt, mit dem du morgen wieder Tennis spielen wolltest.

Du siehst, wie Soldaten und Zivilisten die Läden plündern, als könnte irgendjemand etwas mitnehmen. Und dann läufst du an einem Torbogen vorbei, unter dem Soldaten mit nackten Frauen tanzen. Du bleibst stehen und starrst sie an. Dann siehst du, daß die Frauen Schaufensterpuppen sind, aus irgendwelchen Geschäften gestohlene Wachsfiguren. Eine der Wachsfiguren schmilzt in der Hitze, während ein Soldat sie fest im Arm hält und mit ihr tanzt. Er hat die Augen geschlossen, und die Frau, die er im Arm hält, schmilzt einfach weg.

Du fängst an zu schreien, und du rennst schreiend weiter durch die brennenden Straßen und durch den Alkoholgeruch, und du hörst nicht mehr auf zu schreien, bis du bei diesem Mädchen bist.

Es ist ein Donnerstagmorgen an einem heißen Julitag in den achtziger Jahren, und ich habe gerade zwei Stunden lang mit jemandem Tennis gespielt, der mein Vater sein könnte. Er ist ein wunderbarer Tennisspieler, auch wenn er schon über siebzig ist und natürlich nicht mehr so schnell und druckvoll spielen kann. Aber er ist einer der besten Techniker, die ich kenne – Gordon, der nicht Tennis spielen kann, ohne daß in seinem Kopf Singapur untergeht. Und seit zwei Jahren, seit seine Frau tot ist, zieht er um die Welt und spielt Tennis mit allen Leuten, die er kennt und die er mag. Er ist ein sehr wohlhabender Mann, und er kann sich das leisten.

Ich glaube, diese Reise um die Welt, in der er viel herumgekommen ist, ist für ihn ein Weg, sich an seine Frau zu erinnern, sie nicht aus den Augen zu verlieren, solange er lebt. Er hat manchmal beim Spielen ein seltsames Lächeln auf dem Gesicht, das anders ist, als das Lächeln anderer Leute.

Die meisten Tennisspieler lächeln ja beim Spielen, aber Gordon lächelt nicht vor sich hin. Er lächelt jemanden an, den man nicht sehen kann. Er spielt dabei allerdings vollkommen konzentriert.

Wenn uns heute jemand zugeschaut hätte, dann hätte er eine ganze Menge über das Tennisspielen lernen können. Aber wer soll einem an einem Donnerstagvormittag schon zuschauen? Ich spiele ja meistens vormittags, und die einzigen Leute, die manchmal für ein paar Augenblicke zuschauen, sind die Leute, die zufällig am Zaun vorbeikommen: ein paar Schulkinder, junge Mütter mit ihren Babys, ältere Leute, die in den Park hinübergehen, ziemlich junge Frauen mit ziemlich großen Hunden, und kurz nach neun kommen fast jeden Tag zwei blinde Männer vorbei, die immer ein paar Minuten am Zaun stehenbleiben.

Wir haben hier in der Gegend ein großes Wohnhaus, in dem lauter Blinde wohnen. Vielleicht dreißig oder vierzig Blinde, ich weiß es nicht. Das ist fast ein bißchen gespenstisch, wenn man genauer darüber nachdenkt: dreißig oder vierzig Leute, die sich wie Schatten in einem stillen dunklen Haus bewegen, Kühlschränke aufmachen und sich Marmeladenbrote schmieren, deren Farbe sie nur erahnen können. Ich habe mich oft gefragt, ob Blinde das Licht anknipsen, wenn sie nachts in die Wohnung kommen oder ob sie eine Lampe neben ihrem Bett haben. Ich könnte mir ein Leben ohne eine Lampe neben dem Bett überhaupt nicht vorstellen.

Manchmal im Sommer, wenn ich mitten in der Nacht nochmal aus dem Fenster schaue, sehe ich ein paar Blinde, sechs oder sieben oder acht Leute, Männer und Frauen, nach Hause gehen. Sie kommen wahrscheinlich aus einem Biergarten. Wenn sie an die Straßenkreuzung kommen, stellt sich immer einer der Blinden mitten auf die Straße, breitet die Arme aus wie ein Verkehrspolizist, und die andern gehen dann im Gänsemarsch hinüber. Es wäre ja gar nicht nötig, daß er die Arme ausbreitet wie ein Verkehrspolizist, aber vielleicht ist es so, daß Blinde ab und zu einmal so tun müssen, als könnten sie etwas sehen, und ganz spät in der Nacht, wenn sie niemand beobachten kann, ist wahrscheinlich die beste Zeit dazu. Sie sind dann wie Kinder, die manchmal so tun, als seien sie blind und die mit geschlossenen Augen und ausgestreckten Armen durch die Gegend gehen.

Ich kenne die beiden blinden Männer, die immer ein paar Minuten am Zaun stehenbleiben, schon lange. Schon aus einer Zeit, in der ich noch gar nicht Tennis gespielt habe, sondern mit einem Baby im Park herumgezogen bin. Sie gehen immer Hand in Hand, wie ein Liebespaar, und sie unterhalten sich. Ein Blinder führt einen Blinden, der seinerseits ihn führt. Sie lächeln sehr viel, wenn sie miteinander reden, und ich glaube, sie wohnen auch zusammen. Wenigstens stelle ich mir das gerne vor.

Jedenfalls bleiben die beiden blinden Männer immer ein paar Minuten lang an dem grünen Maschendrahtzaun um den Tennisplatz stehen und hören uns zu. Sie stehen Hand in Hand da und horchen auf das *Plopp, Plopp* der Bälle, und natürlich hören sie auch die Geräusche, die ich mache. Ich bin einer von den lauten Tennisspielern, ich dampfe und zische, und manchmal mache ich so ein dumpfes Geräusch wie ein Boxer, der eins auf den Solarplexus bekommen hat. Ich glaube, für die beiden blinden Männer bin ich so etwas wie eine kleine weiße Dampflokomotive, die vor lauter Übermut aus den Schienen gehüpft ist und wie betrunken im Zickzackkurs durch eine Wiese voller Maulwurfhügel rast.

Heute waren die beiden Blinden auch wieder da. Kurz nach neun. Es ist schade, daß sie nicht sehen konnten, wie gut wir gespielt haben. Sie wären sicher länger geblieben. Es war ein Spiel voll großer Augenblicke. Wir waren die Knallfrösche, die Raketen und der Goldregen eines Feuerwerks, das zwei Stunden lang mitten an einem hellen, heißen Julivormittag im Süden Münchens abbrannte, ohne daß jemand es bemerkt hätte. Gordons Klasse als Tennisspieler ist einfach ansteckend. Ich habe viel besser gespielt, als ich es eigentlich kann.

Wir haben geduscht und sitzen jetzt auf der Terrasse. Ich müßte eigentlich bald nach Hause gehen, weil eine einsame schwarze Katze und die Korrekturfahnen eines Buchs auf mich warten, aber wir fühlen uns hier in der Sonne und nach so einem wunderbaren Spiel einfach zu wohl. Die Terrasse ist genau der Ort auf der Welt, an den wir jetzt gehören.

Es sind noch drei oder vier andere Tische besetzt. An dem Tisch neben uns sitzt die junge Lyrikerin, die jeden zweiten Donnerstag hier auf der Terrasse sitzt. Sie sieht ziemlich gut aus. Sie ist ungefähr fünfundzwanzig, hat blonde, immer leicht zerraufte Haare und trägt Blusen, bei denen immer ein Knopf zuviel offen ist. Und sie raucht Pfeife. Ich finde, daß sie durch das Pfeifenrauchen noch etwas hübscher und attraktiver aussieht. Außerdem mag ich den Geruch von Pfeifentabak.

Wir sind letzten Sommer zufällig an einem anderen heißen Tag hier auf der Terrasse miteinander ins Gespräch gekommen: Es war kein anderer Platz mehr frei, und sie setzte sich zu mir an den Tisch und steckte sich eine Pfeife an. Ich war ziemlich verblüfft, weil ich noch nie eine Frau gesehen hatte, die Pfeife raucht, aber ich ließ mir natürlich nichts anmerken. Ich betrachtete die Pfeife in ihrem Gesicht mit dem aufgeklärten und etwas gelangweilten Blick eines Mannes, in dessen Familie die Frauen schon seit der Französischen Revolution Pfeife rauchen.

Bei diesem ersten Mal saßen wir gleich über eine Stunde zusammen auf der Terrasse, und sie rezitierte zwischendurch ein paar ihrer Gedichte, von denen ich eigentlich nur noch weiß, daß fast in allen sehr viel klares Wasser über sehr viele Kieselsteine in sehr vielen Bächen floß. Ihre Gedichte waren von einer kühlen, fast gläsernen Klarheit, sehr erfrischend an einem heißen Tag, auch wenn mir das ganze Wasser und die vielen Steine ein bißchen auf die Nerven gingen.

Sie erzählte mir, daß sie selber nicht Tennis spiele, sondern nur hierher komme, um sich von uns inspirieren zu lassen. Tennisspielende Leute seien die beste Inspirationsquelle, die sie sich denken könne. Tennis ist wie Barockmusik. Es ist immer irgendwie dasselbe, aber es ist wunderbar, sagte sie. An den Tagen, an denen sie da ist, trinkt sie – egal, wie heiß es ist – immer drei oder vier Bier und läßt sich von uns inspirieren. Es ist seltsam, wenn man sich das vorstellt: wie der ganze Schweiß und die ganze Lust und Begeisterung da draußen auf den Tennisplätzen in einem Kopf auf der Terrasse zu kühlen Bächen und Kieseln werden, über die ab und zu eine Regenbogenforelle gleitet.

Meistens unterhalten wir uns nicht miteinander, weil ich mich gar nicht erst auf die Terrasse setze. Ich dusche immer gleich und gehe nach Hause zu meiner einsamen Katze und zu meinem Schreibtisch. Aber wir nicken uns immer zu und lächeln, und ich ziehe im Vorübergehen genüßlich den Duft des Rauchs ein, der aus ihrer Pfeife kommt und schaue nach, ob an ihrer Bluse wieder dieser eine Knopf zuviel offen ist.

Heute ist sie mit einem rothaarigen jungen Mann da. Sonst hätten wir uns vielleicht zu ihr an den Tisch gesetzt. Ich könnte mich dann ganz beiläufig nach ihrem Tennisgedicht erkundigen. Ich habe ihr nämlich vor ein paar Wochen einmal empfohlen, doch mal was anderes zu schreiben als diese Gedichte mit diesem ewigen klaren Wasser.

Das riecht ja bald wie Weihwasser, habe ich zu ihr gesagt. Versuchs doch mal mit einem Sportgedicht, einem Tennisgedicht zum Beispiel. Auf diesem Gebiet ist noch sehr wenig gemacht worden. Sie zog sehr heftig an ihrer Pfeife, und ich glaube, sie wurde auch ein bißchen rot. Eine Woche später sagte sie mir, sie arbeite jetzt an einem Gedicht über den Admiral. Oh, sagte ich. Das ist eine tolle Idee!

Ich kenne den Admiral nur sehr oberflächlich, weil er nur dienstags von zehn bis elf spielt, und ich spiele nur sehr selten an Dienstagen. Ich kann mich noch sehr gut an den Dienstag erinnern, an dem ich auf dem Platz neben ihm spielte und ihn zum ersten Mal sah.

Der Admiral ist ein kleines dünnes Männchen, das eigentlich nur noch aus Knochen besteht. Seine Arme sind nicht dicker als der Griff eines Tennisschlägers, und er schläft nachts bestimmt unter drei dicken Federbetten, weil er sonst erfrieren würde. Er muß uralt sein. Wenn ich nicht wüsste, daß kaum ein Mensch hundertdreißig Jahre alt werden kann, würde ich ihn auf hundertdreißig schätzen.

Er spielt immer nur mit dem Trainer. Und er steht nur ganz vorne am Netz. Aber das wäre mir nicht weiter aufgefallen. Auch Leute, die schon hundertdreißig Jahre auf der Welt sind, müssen ab und zu Trainerstunden nehmen und ihre Volleys üben, damit sie nicht einrosten. Nein, das war es nicht. Es war etwas ganz anderes, das mir auffiel.

Als ich zum ersten Mal auf dem Platz neben ihm spielte, hörte ich, wie er dauernd etwas sagte, wenn er den Ball traf. Als ich genauer hinhörte, merkte ich, daß es die Namen amerikanischer Bundesstaaten waren: ... *Arizona ... Maryland ... California ... West Virginia ... Oklahoma.* Zuerst dachte ich, er sei vielleicht einer dieser lernbegierigen alten Menschen, habe einen Englischkurs an der Volkshochschule belegt und verbinde jetzt das Memorieren der amerikanischen Bundesstaaten mit dem Tennistraining. Schließlich hat man in einem so hohen Alter keine Zeit mehr zu verplempern und muß manche Dinge gleichzeitig machen.

Aber etwas später hörte ich ihn Namen aus der europäischen Geschichte krächzen: ... *Scharnhorst ... Gneisenau ... Blücher ... Prinz Eugen,* und ich war mir immer noch nicht ganz sicher, was da nebenan ablief, als er sagte: Die *Graf Spee* – Selbstversenkung!

Und jetzt begriff ich, was los war: Er spielte da vorne am Netz die Seeschlachten des Zweiten Weltkriegs nach. Der Trainer spielte ihm von der Grundlinie aus den Ball zu, und er attackierte den Ball und versenkte auf der Gegenseite ein feindliches Schiff. Das heißt, eigentlich gab es keine Feinde für ihn – er versenkte die deutsche Flotte mit derselben Begeisterung, mit der er sich über die Amerikaner und über die englischen Schlachtschiffe hermachte. Besonders scharf war er auf die japanischen Flugzeugträger.

Es ging da vorne am Netz immer *Plopp!*, und dann krächzte er: Die *Akagi* – versenkt!

Plopp! und Die *Zuikaku* – versenkt!

Und die Namen der amerikanischen Bundesstaaten waren natürlich die Namen von Schlachtschiffen gewesen, die in Pearl Harbor versenkt oder beschädigt worden waren.

Immer wenn ich an den Admiral denke, höre ich zuerst das *Plopp!* eines Tennisballs und dann ein triumphierendes Krächzen: Die *Bismarck* – versenkt! Und gleich darauf höre ich das Echo, das Pearl Harbor noch jetzt, Jahrzehnte später, auf einem Tennisplatz in München macht:

Plopp! und Die *West Virginia* – versenkt!
Plopp! und Die *Maryland* – versenkt!
Plopp! und Die *Arizona* – versenkt!

Ich würde jetzt wirklich gerne die junge Lyrikerin nach ihrem Gedicht über den Admiral fragen. Vielleicht hat sie es schon fertig. Wir haben ja noch ein paar Jahre in den achtziger Jahren, und ich glaube nicht, daß ich diese Geschichte hier vor 1990 oder '91 veröffentlichen werde. Deshalb ist es gut möglich, daß das Gedicht der jungen Lyrikerin zuerst, vor meiner Geschichte, erscheint. Wenn Sie also einmal ein Gedicht lesen, in dem vielleicht jemand in sehr kühlen Bächen mit Tennisbällen nach Regenbogenforellen angelt, dann ist das Vorbild für dieses Gedicht sicher der Admiral, und die inspirierende Kraft dahinter bin ich.

Der Admiral ist dann vielleicht schon tot und vom Angesicht der Erde verschwunden wie alle die Schlachtschiffe und Flugzeugträger und Kreuzer und Zerstörer, die er in seinem Leben immer und immer wieder versenkt hat.

Während ich jetzt in Gedanken an den Admiral versunken war, hat Gordon zwei Leute beim Spielen beobachtet – einen Mann von etwa Mitte dreißig, den ich öfter hier sehe, und eine der drei Frauen, mit denen er immer spielt. Er macht nie ein Match, und er spielt eigentlich nie mit Männern, sondern immer nur mit diesen drei Frauen. Er ist nicht am Gewinnen oder Verlieren interessiert und nicht an dramatischen Situationen wie wir anderen. Er ist hinter etwas anderem her, und wenn man ihm und den Frauen eine Zeitlang zuschaut, dann spürt man etwas davon.

Sie spielen mit langen, ruhigen, kraftvollen Bewegungen. Die Konzentration, die man für diese Art des Spielens braucht, ist dieselbe Konzentration, die man braucht, wenn man ein Sonett schreibt. Man sieht, wie ihre Körper sich in den Himmel dehnen, und wenn der Ball auf die andere Seite fliegt, dann folgt er der Bahn eines unsichtbaren, langgedehnten Regenbogens. Es ist sehr seltsam: Da stehen zwei Leute ungefähr fünfundzwanzig Meter voneinander entfernt und berühren sich doch jedesmal mit einer ruhigen Leidenschaft, wenn der Ball auf einen Schläger trifft.

Gordon ist vollkommen hingerissen von dem Spiel der beiden. Sein Blick hängt an diesem unsichtbaren Regenbogen wie an einem Wunder. Ich sehe an seinen Augen, daß der Regenbogen sich für ihn bis nach Singapur dehnt und noch viel weiter bis an einen Ort, den Menschen nicht betreten können.

Plötzlich steht die junge Lyrikerin an unserem Tisch und fragt, ob sie sich zu uns setzen kann. Manchmal frage ich mich, ob die Leute, die dauernd mit ihrer Sensibilität hausieren gehen, nicht doch in Wirklichkeit ziemliche Trampel sind. Sie muß doch gemerkt haben, daß wir mit etwas ganz anderem beschäftigt waren. Aber Gordon und ich sind beide in der Tradition der komplizierten alten europäischen Höflichkeit groß geworden – das heißt, wir können beide manchmal ganz verdammt große Heuchler sein. Wir laden sie begeistert ein, sich zu uns zu setzen, und als ich sie Gordon vorstelle, senkt sich sein Blick samtweich auf den Knopf an ihrer Bluse, der zuviel offensteht, und er sagt lächelnd: *Pleased to meet you.* Der Knopf lächelt zurück.

Die junge Lyrikerin ist ganz entzückt davon, daß sie jetzt englisch reden kann. Sie verdient ihr Geld in der Exportabteilung eines Computerkonzerns, in der sie für Spanien und Portugal zuständig ist. Sie ist hispanophil, wie sie das nennt, und sie verstrickt Gordon jetzt in eine Debatte über die Besetzung Gibraltars durch die Briten. Worüber kann sich eine hispanophile junge deutsche Lyrikerin denn mit einem Briten an einem wunderbaren Julitag sonst schon unterhalten?

I'm a hispanophiliac, leitet sie mit etwas schiefem Englisch ihren Angriff auf Gibraltar ein. Es klingt irgendwie unanständig, knabenschänderisch, aber ich überlasse Gordon und Gibraltar jetzt ihrem Schicksal. Sie werden schon damit zurechtkommen. Gordon kann stur sein wie ein Felsblock.

Es ist jetzt kurz nach zwölf Uhr mittags, und auf dem Platz, über den sich gerade noch ein Regenbogen gespannt hat, spielen jetzt zwei Frauen. Ich bin ein bißchen überrascht, weil ich eine der beiden Frauen kenne. Sie spielt sonst nie mittags. Sie spielt von neun bis elf oder von zehn bis zwölf, und dann fährt sie in ihrem kleinen praktischen Lancia nach Hause, weil sie für ihre Kinder etwas kochen muß. Sie ist eine sehr phantasievolle Köchin. Ich weiß das, weil ich meistens auf dem Platz neben ihr spiele und schon oft mitbekommen habe, wie sie ihren Freundinnen erzählt, was sie jetzt dann gleich zu Hause kochen wird.

Sie ist nicht besonders hübsch. Sie ist auch nicht besonders groß, und sie hat etwas zu kurze Beine, die vielleicht ein bißchen zu dick sind, wenn man die ästhetischen Maßstäbe der zweiten Hälfte des zwanzigsten Jahrhunderts anlegt, aber das muß man ja nicht. Nach diesen Maßstäben wäre sie vielleicht überhaupt ein bißchen zu dick.

Sie hat einen Kopf voll wilder schwarzer Locken und sehr dunkle Augen, die sie ein ganzes Stück jünger aussehen lassen, als sie in Wirklichkeit wohl ist: Sie muß etwa Mitte vierzig sein, weil ihre Tochter dieses Jahr Abitur gemacht hat und ihr Sohn nächstes Jahr soweit ist.

Sie spielt hier im Club zweimal die Woche mit ihren drei Freundinnen Tennis. Meistens montags und donnerstags. Zuerst spielen sie immer auf zwei Plätzen Einzel, und in der zweiten Stunde spielen sie zu viert auf einem Platz ein Doppel, und es ist wahr, es läßt sich nicht beschönigen: sie ist keine begnadete Tennisspielerin. Sie hat einen Bratpfannenaufschlag, der so aussieht, als würde sie mit der Unterseite einer Bratpfanne nach einem Ei schlagen, das jemand in die Luft geworfen hat. Der Ball macht nicht ganz das, was ein Ei machen würde, aber als Flug kann man das, was der Ball macht, auch nicht bezeichnen. Sie spielt allerdings sehr gut, wenn sie vorne am Netz ist, und da ist sie oft. Sie hat etwas von dieser quirligen Energie, die man oft bei Frauen findet, die nach den ästhetischen Maßstäben unserer Hälfte des zwanzigsten Jahrhunderts zu dick sind.

Wenn sie vorne am Netz spielt, ist sie wie ein lebhaftes Kind, das es gar nicht mehr erwarten kann, wann der Ball ankommt. Ich sehe sie oft, weil sie ja meistens auf dem Platz neben mir spielt. Wenn wir uns sehen, nicken wir uns immer freundlich zu wie entfernte Bekannte, und manchmal reden wir kurz über das Wetter und wie heiß es wieder ist oder wie ideal. Wir mögen uns, obwohl wir fast nichts voneinander wissen.

Ich weiß allerdings ein bißchen mehr über sie als sie über mich, weil sie sich in den Spielpausen immer heftig und lachend mit ihren Freundinnen unterhält. Ich weiß zum Beispiel, was sie kocht, und daß sie einen sehr guten Geschmack hat, was das Essen betrifft. Sie macht zum Beispiel eine Penne all'arrabbiata, von der sie schon auf dem Tennisplatz geschwärmt hat, und das Schweineschnitzel mit Fenchel, Knoblauch und Petersilie, zu dem sie am Ende Rotwein gibt, den sie dann ein bißchen einkochen läßt, habe ich sogar schon einmal, gleich nachdem sie ihren Freundinnen davon erzählt hat, nach dem Gehör nachgekocht. Seither mache ich es alle zehn Tage einmal. Und sie macht ein Fischragout mit Zwiebelringen, ganzen Knoblauchzehen, Cayennepfefferschoten, schwarzen Oliven, Fenchelsamen, Anchovis, Safran, Weißwein und frischem Thymian, bei dem schon die Zutaten wie ein ewiger Sommertag riechen.

Ich stelle sie mir oft vor, wie sie zu Hause mit ihren beiden Kindern am Tisch sitzt, oder auf dem Balkon oder auf der Terrasse. Sie sieht aus, als hätte sie ziemlich viel Geld, also stelle ich mir meistens vor, daß sie auf der Terrasse ißt. Und da ich sie immer nur in der warmen Jahreszeit und meistens an sehr sonnigen Tagen sehe, ist für mich das Essen, das sie zu Hause mit ihren Kindern ißt, nur eine andere Form des Sonnenlichts: Knoblauch und Anchovis und schwarze Oliven und Weißwein und Safran und frischer Thymian.

Seit ein paar Wochen wirkt sie immer ein bißchen bedrückt und niedergeschlagen. Sie ist ziemlich unkonzentriert auf dem Platz, und sie schlägt viele Bälle ins Netz. Aus den Sachen, die sie mit ihren Freundinnen redet, habe ich mir über die letzten Wochen hinweg ein Mosaik zusammengesetzt, das jetzt vielleicht den Grund ihrer Niedergeschlagenheit abbildet: Ihre Tochter hat dieses Jahr Abitur gemacht und wird heuer nicht mehr mit in die Großen Ferien nach Italien fahren. Sie fährt mit ihrem Freund nach Irland. Es ist das erste Mal, daß die Familie nicht zusammen in die Ferien fährt.

Ihr Sohn kommt allerdings wieder mit nach Italien. Er macht erst nächstes Jahr Abitur, und sie spürt schon jetzt, daß er dann nicht mehr mitkommen wird. Sie findet das ja auch ganz richtig. Aber jetzt, während der Juli langsam vorbeigeht und die Großen Ferien immer näher rücken, bekommt sie Angst, daß sie irgend etwas falsch machen könnte. Es sind die letzten Großen Ferien mit einem ihrer Kinder, und für sie sind es – je kürzer der Juli wird, desto deutlicher wird ihr das – die letzten Großen Ferien überhaupt, und sie möchte in diesen Ferien nichts falsch machen.

Auf ihrem Gesicht zeigt sich in den letzten Wochen immer häufiger so etwas wie Bestürzung, eine Art von Ratlosigkeit, die dazu führt, daß sie auf dem Tennisplatz sehr viele Bälle ins Netz schlägt. Sie steht manchmal ganz verloren da vorne, und nur das Netz kann sie daran hindern, daß sie nicht einfach vom Platz geht.

Sie ist noch zwei Wochen vom Beginn der letzten Großen Ferien ihres Lebens entfernt, und ich sitze hier neben meinem Freund Gordon und der jungen Lyrikerin auf der Terrasse des Tennisclubs und schaue zu ihr hinüber. Sie spielt zu einer ungewohnten Zeit, es ist jetzt eigentlich viel zu heiß zum Spielen, aber sie spielt heute sehr konzentriert. Sie kämpft um jeden Ball, und sie versinkt im Spiel wie jemand, der etwas vergessen will. Ich weiß, was sie vergessen will. Ich möchte etwas für sie tun, aber ich weiß nicht, was ich machen kann.

Aber jetzt, während sie da draußen spielt, weil sie vergessen möchte, daß sie kurz vor dem Anfang von etwas steht, das für sie zum letzten Mal anfängt, fällt mir plötzlich etwas ein: Seit ein paar Jahren habe ich im August beim Tennisspielen immer ein seltsames Erlebnis. Drei oder vier Plätze weiter winkt mir immer einmal im August ein Mädchen zu. Sie hat lange dunkle Haare und eine sehr dunkle Haut, und ich kenne sie nicht. Ich drehe mich jedesmal um, ob sie vielleicht jemanden meint, der auf dem Platz hinter mir spielt. Aber da ist niemand oder wenigstens niemand, der zurückwinkt. Sie muß also mich meinen, auch wenn ich sie nicht kenne. Sie ist immer drei oder vier Plätze von mir entfernt, und ich kann ihr Gesicht nie so deutlich sehen, daß ich sie hinterher erkennen könnte. Außerdem gibt es hier im Club einige Mädchen, die aus der Ferne so ähnlich aussehen wie das Mädchen, das mir jedes Jahr einmal im August zuwinkt.

Immer, wenn ich sichergestellt habe, daß sie mich meint, winke ich zurück. Ich gebe zu, daß ich dabei immer eine angenehme Gänsehaut kriege. Schließlich winkt einem nicht jeden Tag ein Mädchen zu, das man nicht kennt. Es ist wie ein kleines Wunder. Wie jemand, der einem über die Jahre und Jahrzehnte hinweg in unbestimmten Abständen im Traum erscheint und an den man sich erst wieder erinnert, wenn er da ist. Wir wissen dann, daß am Leben schon noch ein bißchen mehr dran ist als die Sachen, die sich in Inventarlisten eintragen lassen.

Und jetzt mache ich mit der Frau auf dem Platz da drüben dasselbe, was das Mädchen im August immer mit mir macht. Ich stehe hier draußen auf der Terrasse auf und fange an zu winken. Ein paar Spieler schauen zu mir hoch, und natürlich schauen auch Gordon und die junge Lyrikerin zu mir hoch, aber ich ignoriere sie alle. Mein Blick ist fest auf die Frau gerichtet, die vier Plätze von mir entfernt Tennis spielt, um etwas zu vergessen, das sie bedrückt, und jetzt – ja, jetzt! – schaut sie zu mir hoch. Ich glaube nicht, daß sie mich erkennt, weil ich ja ziemlich weit von ihr entfernt bin, und ich sehe aus wie irgendein Mann, nicht groß und nicht klein und nicht dick und nicht dünn. Und ich habe auch keine wilden schwarzen Locken auf dem Kopf. Sie mag mich, aber ich glaube nicht, daß sie mich auf diese Entfernung erkennt.

Sie glaubt natürlich nicht, daß das Winken ihr gilt, und dreht sich erst einmal um. Aber der Platz hinter ihr ist leer. Dann schaut sie noch einmal zu mir herauf, legte die Hand über die Augen wie ein Indianer, zuckt die Achseln und schüttelt den Kopf – und dann winkt sie! Zuerst ganz langsam und unsicher, schließlich weiß sie ja nicht, wer ich bin, und dann, als ich heftiger winke, wird ihr Winken auch heftiger. Wir winken uns jetzt zu wie zwei Leute, die sich lange auf einem Bahnhof oder einem Flughafen gesucht und jetzt endlich gefunden haben, und jetzt riecht die Luft wieder nach Knoblauch und Anchovis und schwarzen Oliven und Weißwein und Safran und frischem Thymian.

Oh, ja – sie wird mir fehlen, wenn sie in ihre letzten Großen Ferien fährt. Ich würde am liebsten mit ihr und ihrer Familie mitfahren, und wenn sie traurig wird und etwas vergessen möchte, was sie kaum vergessen kann, dann würde ich mit ihr Tennis spielen. Ich wäre immer da und würde mit ihr spielen. Bei jedem Wetter. Den ganzen Tag. Und die ganze Nacht. Wir wären alleine draußen auf einem Tennisplatz in Italien und würden noch spielen, wenn die anderen schon ins Bett gingen. Wir würden im Finstern bis tief in die Nacht spielen, und die Fledermäuse würden über den Platz fliegen, und wir würden bald nicht mehr wissen, ob es ein Ball ist, den wir getroffen haben oder eine von den Fledermäusen. Und wir müßten uns so auf die Bälle in der Dunkelheit konzentrieren, daß wir selber zu Fledermäusen würden, und daß wir gar keine Zeit mehr hätten, an irgend etwas anderes zu denken. An irgend etwas, das uns bedrückt. Fledermäuse tun das wahrscheinlich auch nicht.

TENNIS AUF CAMELOT

– *für Georges Duby,*
der den Essay über das höfische Modell
geschrieben hat

E r stand unter der Dusche, und das Wasser lief an seinem
Körper herunter wie das Glück. Er hätte stundenlang so
dastehen können, einfach genießen können, daß er da war.
Statt noch im Club zu bleiben, statt an diesem heißen Som-
merabend noch mit den anderen ein bißchen auf der Terrasse zu sitzen, war er gleich nach Hause gefahren. Er hatte
auch nicht mehr im Club geduscht, sondern war gleich zum
Auto gegangen, hatte ein Handtuch über die Sitzlehne gelegt
und war losgefahren, weil er morgen diesen Essay an die
Redaktion schicken mußte, den er heute nacht noch einmal
durchlesen und überarbeiten wollte. Einen Essay über das
höfische Modell. Über die *fine amour.* Über die Minne, obwohl dieses Wort so schrecklich altmodisch und hausbacken
klang. Eigentlich wie das Gegenteil dessen, was es bezeich-
nete. Höfische Liebe klang schon ein bißchen besser.

Er wollte sich übermorgen in die Semesterferien noch ein
paar Arbeiten seiner Studenten mitnehmen. Zum selben
Thema. Mal sehen, wie die jungen Leute das angingen. Und
wo sie überall abgeschrieben hatten. Nach dem Duschen
machte er sich einen Martini mit Orangensaft, setzte Kaffee
auf und ging mit dem Manuskript und dem Martini auf die

Terrasse hinaus. *Alles beginnt mit einem Blick* – das war der erste Satz seines Essays. Nicht besonders wissenschaftlich, aber er hatte alle anderen Anfänge verworfen, und jetzt suchte er eine Stelle für den Satz, den er heute beim Tennisspielen die ganze Zeit über gedacht hatte: daß der Ritter bei den höfischen Ritualen sich wie bei einem Turnier im Wettstreit bewähren mußte.

Ja, das mußte er schreiben. Daran hatte er das ganze Match über gedacht. Er hatte für Katharina gespielt, für sie gekämpft, weil er ja schon am Verlieren gewesen war. Sie war mit den Kindern schon in die Ferien vorausgefahren, und er hatte wieder diese physische Verlassenheit gespürt, die sich immer einstellte, wenn Katharina nicht da war. Eine Art von Betäubung, in der er sich fast wie ein Idiot vorkam, den jeder irgendwohin schubsen konnte. Und dann, auf dem Platz, hatte er vor jedem Ballwechsel ihren Namen geflüstert, ganz leise und fast lautlos, so daß es keiner hören konnte, und er hatte ihr Gesicht vor sich gesehen, und er war schon am Verlieren gewesen, und dann gab es auf einmal einen Punkt, an dem er wußte, daß er nicht mehr verlieren konnte.

Er war immer ein guter Tennisspieler gewesen. Er mußte das Spiel irgendwann gelernt haben, aber daran konnte er sich kaum mehr erinnern. Es kam ihm so vor, als hätte er es immer schon gekonnt. Er hatte sich sein Studium als Trainer verdient, und er hatte ein paar kleinere unbedeutende Studenturniere gewonnen. Aber das Spiel war sehr viel mehr für ihn. Es war wie eine Droge. Der Tennisplatz war der Ort, an dem er – mehr als in der Wissenschaft – darstellte, was er war. Was für ihn wichtig war. Aber er tat das nur für sich selber. Niemand merkte etwas davon. Niemand merkte, wenn er für jemanden spielte, der gar nicht da war, der das gar nicht sehen konnte. Und der trotzdem da war.

Oh ja: *Alles beginnt mit einem Blick,* und im nächsten Satz seines Essays hatte er gleich klargemacht, daß das nichts Platonisches war. Es war ein Spiel. Eine Belagerung. Aber eine Belagerung, bei der der Belagernde eine List anwendet, die darin besteht, sich zu unterwerfen, sich zu demütigen. Auch vor sich selber. Auch da, wo es nach außen gar nicht sichtbar wurde. Er hatte für Katharina gespielt, als er sie zum ersten Mal sah, hatte *um* sie gespielt, und schließlich, als er alle Hoffnung aufgegeben hatte, da hatte er *gegen* sie gespielt, er hatte mit einer wilden Verzweiflung gespielt, um zu verlieren. Um sie zu verlieren. Um alles zu verlieren. Und er hatte gewonnen.

Er hatte mit derselben Verzweiflung gespielt, mit der er damals für Tina gespielt hatte, die auf einmal dagewesen war, auf einmal ein Teil seines Lebens war, so wie ein Lied auf einmal da ist und man sich nicht mehr vorstellen kann, daß die Welt einmal ohne dieses Lied existiert hat. *Hey Jude* zum Beispiel, oder *Let It Be.* Niemand kann sich vorstellen, daß es diese Lieder 1952 oder 1958 noch nicht gegeben hat. Genauso war es mit Tina. Mit Tina, die sehr gefährlich war. Er hatte für sie gespielt, als hinge sein Leben davon ab. Er hatte um ihre Liebe gespielt, und er hatte gewußt, wenn er diese Liebe gewinnen würde, dann würde das sein Leben zerreißen, und er gewann alle Spiele, die er für sie spielte, und dann, als alles ganz hoffnungslos war, als er wußte, daß er für sie kein Lied war, das es schon immer gegeben hatte, als er das wußte, spielte er gegen sie. Er spielte, um sie zu verlieren. Und er gewann. Er flüsterte ihren Namen da draußen auf dem Platz, und er flüsterte: Ich brauch dich nicht, und er gewann alle diese Spiele, die er verlieren wollte, sieben oder acht Monate lang konnte er nicht aufhören, an Tina zu denken und gegen sie zu spielen (oder zu spielen, um zu verlieren, um *sie* zu verlieren), und er erinnerte sich noch gut daran, was er damals gedacht hatte: Ich gewinne, wenn ich für sie spiele, und ich gewinne, wenn ich gegen sie spiele. Ich gewinne noch, wenn ich sie verlieren will.

Dann war es vorbei. *Sobald es zu Ende ging,* hatte er in seinem Essay geschrieben, *sobald man zum Ernst des Lebens zurückkehrte, trat die Auserwählte in den Rang zurück, in den Gott ihresgleichen, ihr »Geschlecht« gestellt hatte; sie geriet erneut unter die strenge Aufsicht des Mannes, von dem sie als Ehefrau, Tochter oder Schwester abhängig war.*

Nur war es so, daß es mit Tina gar nicht angefangen hatte. Da war etwas zu Ende gegangen, das nie begonnen hatte. Etwas, das nie befriedigt werden konnte, das immer nur Erwartung war. Es war vielleicht wirklich eine Art Neurose. Eine mittelalterliche Neurose. Als »höfische Neurose« hatte er sie definiert. Er war sich nicht mehr sicher, ob das zutraf. Aber was wäre denn das Nicht-Neurotische gewesen? Ich hab eine kleine Brauerei, und du hast eine kleine Brauerei. Also tun wir uns zusammen. Es gab Leute, die so lebten. Die meisten lebten wohl so. Schon seit dem Mittelalter. Das andere, die Neurose, war die Ausnahme. Er hatte das in seinem Essay ziemlich materialistisch beschrieben. Aber war das so? Er hatte das Ideal der höfischen Liebe darauf zurückgeführt, daß der Adel die Zahl der Erbteilungen begrenzen, also die Zahl der Eheschließungen verringern mußte. Alle Söhne, außer dem ältesten, wurden ihrem Schicksal überlassen, und wenn sie Glück hatten, fanden sie eine junge Frau, die keinen Bruder hatte, also selber Erbin war. Den anderen blieb außer den Dienerinnen, den Prostituierten und den Bauerstöchtern nur der Weg in die Neurose.

So war das wohl. Er hatte das ziemlich gut beschrieben. Die romantische Liebe war etwas für die Armen, die zweiten und dritten Söhne. Für diejenigen, die keine kleine Brauerei hatten. Für diejenigen, dachte er lächelnd, die sich ihr Studium als Tennislehrer verdienen mußten und dann diesen Traum träumten. Er hatte ganz trotzig und klar in seinem Essay geschrieben: *Es handelt sich letztlich um eine Literatur der Wirklichkeitsflucht.*

Allerdings, dachte er trotzig und selbstbewußt, hat diese Literatur die Welt verändert: *Von einem Ende Europas zum anderen,* hatte er geschrieben, *fühlten sich alle Männer aus gutem Hause und alle Emporkömmlinge, die in die vornehme Welt aufsteigen wollten, von den Dichtern aufgefordert, die Frauen zu behandeln wie ein Peire Vidal es getan haben will oder wie ein Lancelot es getan haben soll.*

Die höfische Liebe hatte die Ehepolitik des Adels und das Verhalten der Männer sehr schnell von ihrer Grobheit befreit. Aber sie hatte den Söhnen nichts von ihrer Kampflust genommen. Einmal hatte Katharina zu ihm gesagt: Ich glaube, du hättest bei jedem dieser gottverdammten Kreuzzüge mitgemacht. Sie hatte das lachend gesagt, amüsiert. Und er hatte auch gelacht. Und du hättest das nicht um irgendeiner Sache willen getan oder um irgendwas zusammenzuräubern, sondern aus reiner Rauflust.

Er wollte etwas dazu sagen, aber sie sagte nur: Vergiß es. Du weißt schon, was ich meine.

Sie hatte recht. Er war nicht dafür bekannt, daß er einem Streit aus dem Weg ging, und er spielte nicht Tennis, weil er fit bleiben wollte oder sonst etwas, sondern weil er kämpfen wollte. Für ihn war Tennis ein Kampfsport. Ein wunderbarer Kampfsport, bei dem man dem anderen – dem Gegner, dem Partner – körperlich nicht weh tat. Tennis war die zivilisierteste Form der physischen Auseinandersetzung, die er kannte.

Aber es war nicht unbedingt nur ein Kampf mit diesem Gegner und Partner. Für ihn war es noch etwas ganz anderes. Er kämpfte für die Leute, die er liebte. Und für die Leute, die er mochte. Er dachte an den Sonntagmorgen, an dem seine Tochter geboren worden war. Er war nach der Geburt unendlich müde gewesen und fast wahnsinnig vor Glück, und als Katharina und die Kleine schliefen, war er – obwohl er eigentlich auch hätte schlafen sollen – in den Club gefahren und hatte ein Match gespielt. Für seine Tochter. Für ihr Leben, für ein langes glückliches Leben, und er war so müde gewesen, daß er den ersten Satz fast widerstandslos verlor, und dann, als auch im dritten Satz schon fast alles verloren schien, war auf einmal diese ungeheure Gleichgültigkeit wieder da, die er so gut kannte, die ihren Grund in einer vollkommenen Ausweglosigkeit hatte, er konnte nur noch gewinnen oder untergehen, und dann kam dieser lange Augenblick – sechs Spiele lang, eine halbe Stunde lang oder vierzig Minuten – in dem er keinen Fehler mehr machen durfte, oder nur noch sehr wenig Fehler, und er hatte gewonnen, und weil man ja auf dem Tennisplatz nicht laut brüllen kann, auch nicht vor Glück, weil man ja sonst den anderen demütigen würde, hatte er nach dem Match das Gesicht in sein Handtuch vergraben und still und lautlos gebrüllt, so laut er nur brüllen konnte.

Dein Vater ist immer da, hatte er damals gedacht und natürlich gewußt, daß Väter immer unsichtbarer werden müssen. Still und lautlos, und er wußte auch damals schon, daß das schwer werden würde, weil er kein stiller Mensch war. Aber dieser Morgen im Club blieb für immer in seinem Gedächtnis, obwohl er ihr nie etwas davon erzählt hatte: Als sie geboren war und zum ersten Mal in ihrem Leben schlief, hatte schon einer für sie gespielt und gekämpft. Und ihren Namen geflüstert. Das war eigentlich ein ziemlich guter Anfang. Er hat noch oft für sie gespielt, wenn sie krank war oder wenn es ihr schlecht ging, und als zwei Jahre später sein Sohn geboren wurde, ging er nach der Geburt wieder auf den Tennisplatz und spielte für seinen Sohn, und Jahre später entdeckte er etwas, das ihn sehr überraschte. Vor allem überraschte ihn, daß er es nicht schon eher entdeckt hatte: er entdeckte, daß sein Sohn eine Ausnahme war, daß er sonst für Männer nicht spielen konnte. Auch nicht für seine besten Freunde.

Als sein Freund Nick vor ein paar Jahren sehr krank gewesen war, wollte er ihn retten. Ja, er hatte ganz naiv *retten* gedacht, so als sei das Tennisspielen, wie er es betrieb, ein religiöser Akt. Als er 1:3 zurücklag, merkte er, daß es anders war als sonst, wenn er am Verlieren war. Er spürte, daß er hier nicht mehr aufholen konnte. Beim Seitenwechsel sagte er sich wie ein Kind, das sich selber betrügt, daß er von jetzt ab, um für Nick zu gewinnen, für Katharina spielen würde, und daß er dann am Schluß, vor dem Matchball, wieder für Nick spielen würde. Am Ende war es dann so, daß er im Rausch des Aufholens und Gewinnens überhaupt nicht mehr an Nick dachte. Erst am Ende, eigentlich erst, als er im Wagen nach Hause fuhr, fiel ihm ein, daß er ja für Nick hatte spielen wollen. Er spürte, wie sein Gesicht ganz heiß wurde vor Scham.

Er sprach nie mit jemandem darüber, was ihm beim Tennis alles durch den Kopf ging. Katharina wußte es natürlich, weil sie alles wußte. Er konnte nichts vor ihr verbergen. Sie merkte alles, auch wenn er nie darüber redete. Natürlich konnte man das alles für Hokuspokus halten, für einen Aberglauben. Am günstigsten noch für eine Spielerei. Es gab allerdings einen Punkt, der dagegen sprach: Er hatte noch nie verloren, wenn er für jemanden spielte. Noch kein einziges Match. Es war oft sehr knapp gewesen. So, daß das Spiel in der nächsten Sekunde schon zu Ende sein konnte. Aber er hatte am Ende immer gewonnen. Es war allerdings nicht so, daß er jedesmal, wenn er auf dem Platz stand, für jemanden spielte. Es war auch nicht so, daß man hätte sagen können: Spiel doch einfach jedesmal für jemanden, dann kannst du nie verlieren. Das wäre zu einfach gewesen. Dann wäre er ja nur eine Gewinnmaschine. Es war so, daß dieser Wunsch, für jemanden zu spielen, meistens da draußen auf dem Platz auf einmal in seinem Kopf war. Daß es gar keine andere Möglichkeit mehr gab. Sein Spiel und sein Denken fanden auf einmal ihren Schwerpunkt. Es war wie ein physikalischer Prozeß, der durch irgend etwas ausgelöst wurde, das er nicht kannte.

Und einmal hatte er ja verloren, ein einziges Mal. Als er für Ulla spielte. Für Ulla, die er liebte und nicht liebte. Die ihn liebte und nicht liebte. Ulla, mit der er vielleicht zusammen wäre, wenn er eine kleine Brauerei gehabt hätte, und wenn sie auch eine kleine Brauerei gehabt hätte, so daß man die beiden Brauereien zusammenlegen und eine neue Dynastie hätte begründen können. So knapp kann das manchmal sein, dachte er lächelnd. Der Besitz einer kleinen Brauerei kann dein Leben in ganz andere Bahnen lenken.

Als er für sie gespielt hatte, lag er ziemlich schnell 2:5 zurück, und dann kam diese alte Kraft wieder, diese Gleichgültigkeit, und eine halbe Stunde später stand es 6:6. Tie-Break. Und auch da stand es wieder 2:5, und er holte wieder auf, aber er schaffte es nicht mehr und verlor den Tie-Break 7:9. *Wie bezeichnend,* hatte er gedacht. *Es reicht nicht ganz. Nur beinahe.* Und dann, auf dem Weg nach Hause, hatte er gedacht: *Oh my much praised but-not-altogether-satisfactory lady.* Das war es allerdings nicht. Sie war nicht *not-altogether-satisfactory.* Wenigstens nicht sie allein. Es lag an ihnen beiden. Das Spiel hatte genau die Wirklichkeit nachgezeichnet. Ulla, die er liebte und nicht liebte. Die ihn liebte und nicht liebte. Dieses Match war wirklich ein interessantes physikalisches Experiment gewesen.

Er war jetzt am Ende seines Essays angekommen. Der letzte Satz klang sehr steif, klang zu sehr nach dieser Erfahrungskompetenz, die alles und nichts bedeuten konnte. Aber er ließ diesen Satz schließlich stehen: *Noch heute gehören trotz des Wandels der Geschlechterbeziehungen die Verhaltenswerte, die von den Praktiken der höfischen Liebe herrühren, zu denen, durch die sich unsere Kultur am stärksten von anderen unterscheidet.*

Der Satz war genau richtig für die Art von Zeitschrift, in der er veröffentlicht werden sollte. Er war wie die Schleife auf einem Weihnachtsgeschenk. Kein Schweiß, kein heftiges Atmen, kein roter Sand zwischen den Zähnen, sondern Verhaltenswerte. Ein Satz aus dem Land der kleinen Brauereien, der sehr weit von 1:3 oder 2:5 entfernt war und von diesen Augenblicken, in denen man ans Netz läuft und weiß: Wenn du diesen Volley jetzt verschlägst, ist alles verloren, aber du mußt nach vorne gehen, du mußt alles riskieren, weil das dein Gesetz ist, deine Physik.

Er ging in sein Arbeitszimmer, schaltete den Computer ein und änderte die Textstellen, die er noch ändern wollte. Dann ging er, während der Drucker seinen Essay ausdruckte, noch einmal ins Badezimmer und stellte sich wieder unter die Dusche. Er dachte an Katharina und die Kinder, die er übermorgen sehen würde, und dann dachte er an Ulla und an diese einzige Niederlage im Tie-Break. Er hatte Tie-Breaks nie besonders ernst genommen. Ein Tie-Break zu gewinnen oder zu verlieren, hatte für ihn nichts mit Nervenstärke zu tun. Es war einfach nur Glückssache. Und trotzdem war dieses Ergebnis genau richtig: knapp, sehr knapp. *Fast* alles, was möglich war.

Während das Wasser da unter der Dusche wie das Glück an ihm herunterlief, dachte er: Ich bin ja gar kein zweiter oder dritter Sohn, ich bin ja ein erster Sohn, aber anscheinend sind die ersten Söhne in diesem langen neurotischen Prozeß seit dem Mittelalter so geworden wie die anderen auch.

Wie schön!, dachte er. *Wie gut!*

VINCENT

Tennis war für mich immer viel wichtiger als die Schule, obwohl ich ja aus einer ziemlich intellektuellen Familie komme. Luisa, die größte Streberin in unserer Klasse, die überall die Beste sein will, hat vor den Weihnachtsferien einmal zu mir gesagt: Du bist eigentlich nur gut in Englisch, Mathe und Physik. Und in Englisch kannst du auch nur gut *reden*. Sie ist eigentlich ein nettes Mädchen, aber sie hat diesen blöden Leistungstick. Sie kann es nicht haben, wenn jemand vor ihr liegt. Und in Englisch kannst du auch nur gut *reden*. Du meine Güte! Wieso sagt jemand so was?

Du hast Tennis vergessen, sagte ich dann zu ihr. Luisa ist ein bißchen mopsig und absolut unsportlich. Sie ist eine unsportliche Kuh, und sie kriegt in Sport bloß deswegen gute Noten, weil sie sonst eben auch lauter gute Noten hat und weil sie ihr das Zeugnis nicht verderben wollen. Wenn Luisa mal irgendwo eine Zwei oder eine Drei bekommt, kriegt sie einen Nervenzusammenbruch und nimmt Nachhilfe.

Wenn ich nicht gut Tennis spielen könnte, hätte ich eine Sache mit meinem Vater nicht erlebt, die uns beiden – ihm und mir – abgehen würde, auch wenn wir dann nichts davon wüßten. Wir hätten wahrscheinlich dauernd das Gefühl, daß irgend etwas in unserem Leben nicht ganz stimmt. Ein paar Wochen, bevor ich nach Amerika gegangen bin, sind mein Vater und ich noch ein paar Tage alleine nach Italien in ein Tennishotel gefahren. Er macht das öfter mal mit mir, aber Sie müssen jetzt nicht denken, meine Eltern wären diese klassischen ehrgeizigen Tenniseltern, die ihre Kinder schon als Baby an einem Tennisschlager festgebunden haben und eine Aktiengesellschaft gründen, bloß weil ihr Sohn oder ihre Tochter ein bißchen Talent hat. Meine Eltern gehen nicht mal auf die Turniere, die ich spiele. Sie finden das zu aufregend, aber sie freuen sich immer, wenn ich gewinne.

Mein Vater ist mit mir in dieses Tennishotel an den Gardasee gefahren, weil er noch ein bißchen mit mir alleine sein wollte, bevor ich von zu Hause wegging. Am zweiten Tag in Italien sahen wir auf einem der Plätze einen Typen, der mit seiner Freundin spielte und die ganze Zeit an ihr herumnörgelte. Er war ungefähr achtundzwanzig Jahre alt oder so, und er war ein ziemlich guter Tennisspieler, und er fand, daß das ausreichte, um seine Freundin vor allen anderen Leuten zu blamieren und fertigzumachen. Ich konnte sehen, wie mein Vater langsam zornig wurde, und als der Typ mit seiner Freundin fertig war – ich meine, als er sie richtig erledigt hatte – ging mein Vater hinüber und fragte ihn, ob er mit ihm spielen wollte.

Mein Vater ist auch ein ziemlich guter Tennisspieler, aber dieser achtundzwanzigjährige Typ war verdammt gut, und es war nicht so, daß mein Vater einen schlechten Tag gehabt hätte, oder daß es zu heiß gewesen wäre, oder daß mein Vater zu alt gewesen wäre. Es war ganz einfach so, daß mein

Vater auch keine Chance gehabt hätte, wenn er einen wahnsinnig guten Tag gehabt hätte oder wenn er fünfzehn Jahre jünger gewesen wäre. Er war einfach nicht gut genug für diesen Typen. Er hätte diesen Affen nie schlagen können, an keinem Tag in der Geschichte der Menschheit. Mein Vater war nach diesem Match ziemlich fertig und verbrachte nach dem Mittagessen den ganzen Nachmittag am Swimmingpool, und ich schaffte es irgendwie, daß ich am späten Nachmittag gegen diesen Typen spielen konnte. Im ersten Satz habe ich ihn ein bißchen zappeln lassen und ihm die einzelnen Spiele immer nur ganz knapp abgenommen, so daß er nie die Hoffnung aufgab, obwohl er 1:6 verlor. Und im zweiten Satz hab ich ihn einfach abgeschossen. Kurz vorm Ende sah ich meinen Vater, der draußen auf einem Stuhl saß und uns zuschaute.

Am Abend saßen wir dann auf der Terrasse eines Restaurants unten am See. Mein Vater trank einen Whisky und ich einen Cappuccino. Ich kann das sagen, weil wir immer einen Whisky und einen Cappuccino trinken, wenn wir irgendwo zusammen auf einer Terrasse sitzen. Ein schmalziger italienischer Musiker in einem weißen Sakko saß an einer weißen Hammondorgel und sang zuerst ein paar schmalzige italienische Schlager und dann sechs oder sieben Songs von den Beatles, die man zuerst vor lauter Schmalz nicht erkennen konnte. Es war wirklich sehr romantisch, und überall brannten Kerzen und draußen auf der Promenade schlenderten die ganze Zeit Leute vorbei, die so aussahen, als wären sie genau für diese Promenade gemacht. Als hätten sie nie etwas anderes getan, und als hätten sie auch nicht vor, irgendwann einmal etwas anderes zu tun. Mein Vater und ich unterhielten uns wahrscheinlich über Amerika. Ich weiß das nicht mehr, aber es ist ziemlich wahrscheinlich, daß wir uns über Amerika unterhalten haben. Es war eigentlich schon ganz dunkel. Auf einmal kam dieser Tennistyp mit seiner Freundin vorbei. Sie gingen eng umschlungen wie ein Liebespaar, aber wir wußten, daß sie kein Liebespaar waren. Als sie vorbei waren, sagte mein Vater ganz ruhig in die Nacht hinein: Manchmal geht doch wirklich nichts über eine richtig gute italienische Vendetta. Ich spürte, daß er sehr stolz auf mich war. Er war richtig glücklich, daß er mich hatte. Daß es mich gab. Das ist wirklich ein ganz wahnsinniges Gefühl, wenn man plötzlich merkt, daß jemand glücklich ist, weil es einen gibt. Ich meine, in diesem Augenblick da am Gardasee war ich wirklich unheimlich froh, daß mein Vater und ich auf der Welt zusammengekommen sind. Es hätte ja auch ganz anders kommen können. Ich hätte einen ganz anderen Vater kriegen können. Oder er einen anderen Sohn.

DIE AMSEL

Aber diesmal war es nicht Juli, sondern August, und er war wieder hier in der alten Stadt. Wie fast jedes Jahr in den letzten fünfzehn Jahren. Er war wieder für ungefähr eine Woche hier in der Wohnung seines Freundes in dem schönen Haus am Hügel. Sein Freund war, wie fast jedes Jahr im Sommer, für drei Wochen in Italien, und er – der Besucher – verbrachte eine von diesen Wochen wie seltsame Exerzitien im Erinnern und Entdecken. Die Stadt hatte nie aufgehört, ihn zu faszinieren, keinen Augenblick hatte das aufgehört seit dem Tag vor siebenunddreißig Jahren, als er neunzehn war und für immer wegging. Obwohl die Stadt nicht sehr groß war, gab es immer etwas Neues, das er noch nicht kannte, und es gab immer diese Augenblicke, die man nicht gewaltsam herbeiführen kann und in denen etwas im Kopf explodiert, vor Glück und Schmerz – ein Geländer über dem Fluß, das Pflaster unter seinen Schuhen, das Haus, in dem er aufgewachsen war, und er spürte in dieser langen lautlosen Explosion, wie die Leute in dem Haus sich bewegten, er sah sie nicht, aber er spürte sie, und er hörte sie nicht reden, aber er spürte ihre Wörter an seinem Ohr, er spürte ihr Lächeln und ihren Geruch in den Zeiten des Kriegs und des Friedens, das ganze verlorene Zwanzigste Jahrhundert, von dem er nur die Zeit des Friedens kannte.

Zur Wohnung seines Freundes gehörte eine riesige Terrasse, die auf die Straße hinausführte. Er hatte sie vor ein paar Jahren einmal ausgemessen, weil er wissen wollte, wie riesig sie eigentlich war. Er hatte die Größe schon wieder vergessen, wußte aber noch, daß die Terrasse gut über dreißig Quadratmeter hatte. In die kleine Wohnung nebenan, deren Terrasse genau dieselbe Ausdehnung hatte, war zum Wintersemester eine Studentin eingezogen. Sein Freund hatte ihn gewarnt: die Studentin sei zwar sehr hübsch, eigentlich sei sie sogar eine richtig schöne junge Frau, sie mache aber die ganze Zeit praktisch nichts anderes als zu studieren.

Er war trotzdem auf diese Studentin gespannt. Am ersten Tag sah er sie nicht, weil es ununterbrochen regnete. Er sah nur auf dem überdachten Teil der Terrasse das leere Gestell für eine Hängematte, und das einzige, was er von der Studentin hörte, war das Rollo, das sie kurz nach zehn Uhr abends herunterließ. Sein Freund hatte gesagt, die Studentin spreche fünf Sprachen. Dafür war sie wirklich sehr leise. Sie war sogar sehr leise für jemanden, der sich nur in einer Sprache ausdrücken konnte.

Am nächsten Morgen, seinem ersten Morgen in der Stadt, schien die Sonne, und er ging zu dem kleinen Laden an der Straße hinunter und kaufte sich eine Mohnsemmel, ein Croissant und die Zeitung. Als er zehn Minuten später sein Croissant in den Kaffee tunkte, hörte er nebenan das Rollo hochgehen. Weil die überdachten Teile der beiden Terrassen, vielleicht einsachtzig tief, durch eine Wand getrennt waren, konnte er nichts sehen, und er spürte die Gegenwart der Studentin nur. Er hörte auch keinen einzigen Laut von drüben, obwohl sie die Hängematte aufgespannt haben mußte, weil sie eine halbe Stunde später in der Hängematte lag.

Sie lag auf eine sehr abweisende Art in der Hängematte. Er war, nachdem er eine Zigarette geraucht hatte, auf der Terrasse bis ganz nach vorne gegangen, hatte sich an den Sträuchern zu schaffen gemacht, war dann langsam und schon mit einem halben Begrüßungslächeln auf dem Gesicht wieder zurückgegangen, so daß ihre Blicke sich zufällig hätten treffen können, aber da war kein Blick, der sich mit dem seinen hätte treffen können. Da war nur die Hängematte, aus der ein gebräuntes Frauenknie und der obere Teil einer Zeitschrift herausragten. Er räusperte sich leise, aber immerhin hörbar, wie jemand, der sich wirklich räuspern muß. Keine Reaktion. Er wollte etwas sagen. Vielleicht: *Ich bin bloß der Einbrecher, der noch was frühstückt.* Oder: *Guten Morgen, ich bin Clyde von Bonnie & Clyde.* Aber er konnte das jetzt nicht sagen, weil er sich dann wirklich hätte räuspern müssen.

Er setzte sich wieder an den großen runden Tisch und steckte sich verärgert seine zweite Zigarette an. *Sie hat eigentlich ziemlich dicke Knie für jemanden, der so hübsch sein soll,* dachte er. Aber vielleicht hatte er sich zu leise geräuspert. Vielleicht hätte er nicht barfuß zum Rand der Terrasse gehen sollen. Vielleicht hatte sie ihn wirklich nicht gehört. Man mußte den Leuten immer noch wenigstens eine zweite Chance geben.

Er blieb den ganzen Tag in der Wohnung, weil er noch etwas arbeiten mußte, und in der Nacht hörte er wieder, wie die Studentin das Rollo herunterließ, und am nächsten Morgen beim Frühstück zog sie es wieder hoch. Er ging wieder bis an den Rand der Terrasse, sah beim Zurückgehen wieder ihr abweisendes Knie aus der Hängematte ragen, und wieder war es ihm unmöglich, etwas zu ihr zu sagen. Ihre ganze Haltung machte klar, daß sie ihn nicht wahrnehmen wollte. Er spürte eine leise Abneigung gegen dieses Mädchen, und er verachtete ihre dicken Knie, von denen er ja bis jetzt immer nur eines, das rechte, gesehen hatte. Es gab eigentlich keinen Grund, jemandem mit solchen Knien einen guten Morgen zu wünschen. Knie waren für ihn immer wichtig gewesen, wenigstens seit dem Alter, in dem Knie überhaupt wichtig werden können. Sie waren mindestens so wichtig wie Hände; manchmal genauso wichtig wie ein Gesicht. Mit manchen Gesichtern mochte man einfach nichts zu tun haben. Und mit Knien war es genauso.

Er räumte den Frühstückstisch auf der Terrasse ab, putzte sich die Zähne, rasierte sich, duschte und ging dann in die Stadt hinunter so, wie jemand in seine Kindheit zurückgeht. Voller Freude. Voller Spannung und Erwartung. Er kaufte einen Strauß rote Rosen und ging auf den Friedhof zum Familiengrab. Er begrüßte die Toten (*Hey*, sagte er. *Ich bin wieder da*), legte die Rosen aufs Grab, stellte eine Kerze in das verglaste Gehäuse auf der Marmorumrandung und betete. Obwohl er nicht einmal die Lippen dabei bewegte, machte es ihn verlegen, weil er kein Christ war, aber zwei der Leute in dem Grab hatten immer gebetet, und deshalb betete er, wiederholte Wörter, die nichts mit ihm zu tun hatten.. Dann fuhr er mit den Fingerkuppen über die Namen, die in den Grabstein eingemeißelt waren. Das war seine Art von Gebet. Wie ein Blinder spürte er ihre Namen. Er hatte gegen ihren Tod gekämpft, gegen den Tod, der wie eine riesige Woge auf sie zugekommen war, und er hatte versucht, sich mit beiden Händen gegen diese Woge zu stemmen, sie aufzuhalten, jedesmal, fast jedesmal hatte er das versucht, aber er war jedesmal einfach weggespült worden. Und jedesmal war er taub vor Schmerz und Leere gewesen. Wir waren alle nur da, dachte er, damit wir eines Tages weggespült wurden. Er hatte nie geweint, wenn es passiert war. Das kam erst später. Nein, geweint hatte er nie. Er war nur bestürzt, so bestürzt, daß sein ganzer Körper weinte, und wie kann man denn weinen, wenn der ganze Körper weint. Sein Körper war wie das Wasser, das er aufhalten wollte, wie das Wasser, das der Tod war, den er sein ganzes Leben lang hatte aufhalten wollen.

In der Stadt zog er fast zwei Stunden lang herum wie ein Kind, das nach seinen Freunden sucht, damit es mit ihnen spielen kann, und gleichzeitig war das Kind froh, der Stadt beim Leben und beim Spielen zuzuschauen, ohne daß es selber mitmachen mußte. Es ließ einfach alles geschehen.

Er setzte sich vor ein Café, trank einen Cappuccino, rauchte, rauchte fast pausenlos, und betrachtete die Leute, die vorbeikamen. Er lächelte, als er wieder einmal bemerkte, daß er eigentlich nur die Frauen wahrnahm, kaum je einen Mann. Es stimmte nicht, daß die Zahl der Männer und der Frauen in der Welt ungefähr gleichmäßig verteilt war. Wenigstens nicht in seiner Welt. In seiner Welt gab es einen Frauenüberschuß von neunzig Prozent.

Am Nebentisch saßen vier Leute in schwarzen Motorradmonturen. Zwei Männer und zwei Frauen. Vielleicht dreißig Jahre alt. Ihre Motorradhelme hatten sie auf das Kopfsteinpflaster gelegt. Sie gingen alle nacheinander auf die Toilette, zuerst die Frauen zusammen und dann die Männer, und danach aßen sie irgendwelche Eisbecher. Die Frauen unterhielten sich über die Blumen auf ihren Balkonen, und die

Männer hörten zu und löffelten ihr Eis. Sie sahen alle vier so aus, als hätten sie nur eine kurze Pause auf einer langen Reise eingelegt.

Als die Motorradleute gegangen waren, kamen kurz darauf zwei junge Männer in hellen Cargohosen und T-Shirts. Sie hatten sich viel zu erzählen. Sie kamen schon redend an und redeten gleich weiter, als sie sich hingesetzt und bestellt hatten. Sie unterhielten sich über die Bibel. Das Alte Testament. Einer der beiden verwendete den Ausdruck *Das Schweigen Gottes* und erklärte, daß die Bibel der Juden so angeordnet sei, daß Gott von einen bestimmten Punkt ab nicht mehr redete, während das Alte Testament der Christen so angeordnet sei, daß es auf den Messias hinführe. Raffiniertes Arrangement, sagte der andere der beiden jungen Männer dazu. Sehr interessant.

Er fand das auch interessant. Er hatte auch nicht gewußt, daß beide Bibeln verschieden angeordnet waren, und er bestellte noch einen Cappuccino und eine Schachtel Zigaretten, weil er noch ein bißchen mehr über die Bibel erfahren wollte. Die beiden jungen Männer sprachen jetzt über das Buch Ruth, und der eine der jungen Männer sagte, die Hauptbeschäftigung der Männer im Buch Ruth sei das Sterben. Bestimmt hat eine Frau dieses Buch geschrieben, sagte er dann noch, bevor er sagte, was jeder vom Buch Ruth kennt, auch wenn er sonst nichts über die Geschichte weiß: Wo du hingehst, da will auch ich hingehen; wo du bleibst, da bleibe ich auch. Dein Volk ist mein Volk, und dein Gott ist mein Gott ... Wo du stirbst, da sterbe ich auch, da will ich auch begraben werden.

Seltsam, dachte er, daß so junge Männer sich heute über die Bibel unterhalten, aber schließlich war das hier eine sehr katholische Stadt, und früher hatten die Leute sich wahrscheinlich den ganzen Tag über die Bibel und über die Religion unterhalten.

Wo du hingehst, da will auch ich hingehen. Er hatte das zweimal in seinem Leben gesagt. Dreimal. Aber jetzt gab es so einen Ort nicht mehr. Und niemanden mehr, mit dem er dahin gehen würde. *Ich bin nirgendwo zu Hause*, dachte er. *Nur in dieser Stadt hier. Und die existiert nur in meinem Kopf. Bis auf fünf oder sechs Tage im Jahr. Und am meisten bin ich hier zu Hause, wenn ich alleine bin.*

Nach dem Café nahm er den langen Weg zurück zu der Wohnung seines Freundes. Den Weg am Fluß entlang. Immer wieder dachte er diesen einen Satz. *Da, wo du hingehst, da will auch ich hingehen.* Es war vier Uhr nachmittags, als er nach Hause kam. Er öffnete die Terrassentür, schaute kurz zu dem Knie in der Hängematte auf der Nebenterrasse hinüber, setzte einen Espresso auf, machte sich ein Marmeladenbrot und ging dann mit dem Buch, das er gerade las, wieder auf die Terrasse hinaus.

Er las eine amerikanische Kurzgeschichte, die zur Zeit des Vietnamkriegs spielte. *The Things They Carried.* Er las die Geschichte atemlos, mit vollkommener Aufmerksamkeit. Wußte, daß er noch nie so eine Geschichte über den Krieg gelesen hatte. Die Sachen, die sie trugen. Sie trugen Maschinengewehre und Funkgeräte und Moskitonetze und Macheten und Insektenspray und Kaugummi und Brausepulver und Munition und Totschläger und Splittergranaten, und sie trugen Krankheiten in sich, Ruhr und Malaria, und sie trugen Glücksbringer bei sich und einer trug den abgeschnittenen Daumen eines vietnamesischen Jungen mit sich, und sie trugen Geister mit sich herum, und ein junger Leutnant trug die Briefe eines Mädchens bei sich, die keine Liebesbriefe waren, aber er schrieb ihr hoffnungslose Briefe, und der Mann auf der Terrasse, der das alles jetzt – so viele Jahre später – las, wußte, wie das war, wenn man hoffnungslose Briefe schreibt. Wie ein Krieg, den man nicht gewinnen kann. Man wird genauso taub davon wie von den Granaten, die neben einem explodieren. Er war nie in einem Krieg gewesen, aber das kannte er – wie man taub wurde vor Angst und Hoffnungslosigkeit. Wie die Welt zu einem Film wurde, dessen Tonspur ausgefallen war. Es war siebenunddreißig Jahre her, daß die Tonspur zum ersten Mal ausgefallen war, als er die Stadt verlassen und hoffnungslose Briefe an das Mädchen geschrieben hatte, an die Frau, an die er jetzt dachte, als dieser Leutnant in Vietnam seine Briefe schrieb. Er dachte nicht ihren Namen, er sah nur ihr Gesicht, oder das, was die Erinnerung von ihrem Gesicht noch übriggelassen hatte. Nase, Mund, Kinn und ihr schwarzes Haar, das ihn immer an Amseln erinnerte.

Sie trugen Büchsenöffner und Taschenmesser und Erkennungsmarken und Soldbücher und Dschungelstiefel, und einer trug ein Neues Testament bei sich und ein anderer Pulver gegen Fußpilz, und Zahnseide, und kaum einer trug Unterwäsche.

Als er an die Stelle kam, an der die Soldaten für einen Gefallenen einen Joint rauchen, las er nicht mehr weiter, sondern drehte sich einen Joint und rauchte ihn für die Toten des Vietnamkriegs. Die Toten seiner Generation. Dann las er die Geschichte zu Ende und rauchte noch einen Joint für alle Toten, die er kannte, und für das Mädchen, die Frau, für die das zum ersten Mal gegolten hatte: *Wo du hingehst, da will auch ich hingehen.*

Während er den zweiten Joint rauchte, kam ein kleiner rothaariger Kater über die Brüstung der Terrasse und begrüßte ihn. Der Kater spazierte durch alle Räume der Wohnung und ging dann wieder auf die Terrasse hinaus. Er schaute sich noch einmal kurz um, sprang dann auf die Brüstung und verschwand auf diese gleichgültige Art, auf die Katzen verschwinden. Lautlos und ohne sichtbares Bedauern. Katzen verschwanden immer, als wären sie taub für die Welt.

Um sieben Uhr abends ging er von der Terrasse ins Badezimmer, putzte sich die Zähne, rasierte sich, duschte und zog sich wieder an. Dann ging er in die Stadt hinunter in ein Restaurant, in dem er sich mit Freunden seines Freundes verabredet hatte. Das heißt, sie hatten sich mit ihm verabredet, damit er, wie sie sagten, nicht so allein sei. Es waren zwei Ehepaare mit ihren erwachsenen Kindern. Alle sehr freundlich und unterhaltsam. Sie redeten über Politik und übers Essen, und er erzählte ihnen, daß er vor ein paar Stunden einen Joint für die Toten des Vietnamkriegs geraucht habe. Für die toten Vietnamesen auch? fragte eine der Frauen. Nein, das hatte er nicht, und er drehte jetzt, da in dem schönen Garten dieses Restaurants, einen Joint, und sie ließen ihn kreisen, alle zogen an dem Joint, auch die drei jungen Leute, und die Leute an den Nebentischen schauten zu ihnen herüber, während er wie eine seltsame Litanei ein paar Sätze aus der Geschichte, aus dieser amerikanischen Kurzgeschichte zitierte, so gut er sich daran erinnern konnte; es waren jetzt seine Sätze, nicht mehr Sätze aus dem Buch: Nachdem der Tote mit dem Hubschrauber ausgeflogen worden war, führte Lieutenant Jimmy Cross seine Männer zu dem Dorf Than Khe. Sie brannten alles nieder. Sie erschossen Hühner und Hunde, sie zerlegten das ganze Dorf, sie forderten Artillerie an und beobachteten die Verwüstung, und dann marschierten sie noch ein paar Stunden durch den heißen Nachmittag.

Dann haben sie also auch noch etwas anderes für den Toten getan und nicht nur einen Joint geraucht, sagte die Frau.

Während des Essens verabredete er sich mit einem der Männer zum Tennisspielen am nächsten Morgen um neun Uhr. Gegen Mitternacht verabschiedete er sich auf einem Parkplatz von den anderen und ging durch die warme Sommernacht nach Hause. Die Studentin hatte noch Licht brennen. Ihre Terrassentür stand offen, und sie telefonierte im Zimmer hinter der Terrasse. Es war das erste Mal, daß er die Studentin reden hörte. Sie war bis jetzt nur ein Knie in einem sehr stillen Film gewesen, dessen Lautlosigkeit nur durch die Geräusche ihres Rollos unterbrochen wurde. Er konnte nicht hören, was sie sagte, aber sie hatte für jemanden, der sich bis auf sein rechtes, nicht besonders attraktives Knie vor der Welt verschanzte, eine überraschend selbstbewußte Stimme, klar und auf eine ruhige Art das Gespräch dominierend, so daß jetzt seine Abneigung ein bißchen bröckelte. Er mochte diese Stimme, auch wenn sie eine Spur zu kühl war, und er hätte nichts dagegen gehabt, jetzt mit der Studentin noch ein Glas Wein zu trinken, aber ja konnte ja schlecht in die Dunkelheit hinüberrufen: Hey, Sie haben eine ziemlich gut aussehende Stimme. Wollen wir nicht ein Glas Wein zusammen trinken? Außerdem hörte sie überhaupt nicht mehr auf zu telefonieren. Er schwankte jetzt zwischen der leisen Abneigung gegen sie und der Neugierde, sie zu sehen.

Er trank seinen Wein alleine, zwei Gläser, rauchte noch ein bißchen und ging dann ins Bett. In der Nacht träumte er von einer Frau, die er flüchtig kannte und nie besonders gemocht hatte. Sie küßten sich im Traum, und er war verlegen, genierte sich dafür, daß er diese Frau küßte, obwohl es ihm eigentlich widerstrebte. Aber es war ein langer Kuß, voll und schmelzend und keinen Widerstand duldend. Es war einer der Küsse, bei denen man sich fast ganz auflöst, ganz verschwindet und ganz bei sich ist. Eine alte Erfahrung. Und ganz neu wie die Erfüllung einer Verheißung, von der man gar nicht wußte, daß sie existiert. Und die man doch ganz selbstverständlich annimmt, wenn sie kommt, weil sie ja immer existiert hat.

Er wachte während des Traums auf und dachte: *Vollkommen. Perfetto.* Er wußte nicht, warum er das dachte, aber es ging einfach weiter in seinem Kopf ... *Perfekt. Perfetto. Perfekt bedeutet nichts anderes als ganz durchgearbeitet. Und das hier ist ganz durchgearbeitet.* Er lächelte im Halbschlaf. *Ich bin so wenig irgendwo zu Hause, daß ich schon Frauen küsse, die ich nicht besonders leiden kann,* dachte er noch und dann ließ er sich wieder zurückfallen in diesen Kuß, der jetzt nur noch eine Berührung war. Er sah kein Bild mehr. Sah diese Frau nicht mehr. War nur noch in dieser Berührung geborgen, die ihn genauso umfing wie der Schlaf.

Er stand früh auf und lächelte beim Kaffeekochen verlegen darüber, daß er diese Frau geküßt hatte. *Was für eine Überraschung,* sagte er leise vor sich hin. *Was für eine Überraschung!*

Eine Stunde später packte er seine Tennissachen zusammen, warf noch einen Blick auf die leere Terrasse der Studentin, die ihr Rollo noch nicht hochgezogen hatte, und machte sich auf den Weg. Er fuhr mit dem Wagen in die Stadt hinunter und dann über den Fluß und die steile schmale Straße zu den Tennisplätzen hinauf. Er war unruhig und voller Vorfreude. Es war fast immer so, daß er es nicht erwarten konnte, den Schläger in der Hand zu halten und zu spielen. Er war vor dem Spiel fast immer wie ein ungeduldiges Kind. Es war immer, meistens, oft so, als gäbe es nichts auf der Welt als dieses Spiel und die Freude darauf.

Er war schon eine halbe Stunde zu früh da. Um halb neun. Die Tennisanlage hatte vielleicht zehn oder zwölf Plätze. Außer ihm war noch niemand da, auch nicht in dem italienischen Restaurant, das zu dem Club gehörte: *Antonio*. Alles war vollkommen leer da oben. Er ging ein bißchen vor dem Clubhaus herum, studierte die Anschläge am Schwarzen Brett und hörte, während er die Namen der Rangliste las, das Handy in seinem Auto klingeln. Sein Partner rief ihn an. Er könne leider nicht kommen, weil er sich den Fuß verknackst habe. Aber man könne ja abends nochmal zusammen zum Essen gehen.

Er war enttäuscht, legte das Handy wieder auf den Beifahrersitz, kam sich alt und schlaff und unnütz vor wie ein Reifen, bei dem jemand die Luft ausgelassen hatte. Er wußte auf einmal nicht mehr, was er mit diesem schönen Tag anfangen sollte, an dem der Himmel schon ganz weit und blau war und voller Verheißung.

Als er die Tasche mit den Tennissachen zornig in den Kofferraum geworfen hatte (*Ich bin ein zorniger Autoreifen ohne Luft*, dachte er dabei) und sich schon in den Wagen setzen wollte, beschloß er, doch noch hierzubleiben und ein bißchen durch den großen Park zu gehen, in dem die Tennisplätze lagen. Sie hatten als Kinder hier Cowboy und Indianer gespielt, und einmal hatte er mit bloßen Händen *fast* ein Eichhörnchen gefangen, und er wußte genau die Stelle, an der die Nibelungen von König Etzels Hunnen niedergemacht wurden, aber heute war ihm nicht nach Erinnerungen. Er ging einfach durch den Park, ohne etwas wahrzunehmen, außer daß um ihn herum alles grün war. Auf dem langen Weg zurück kam er an einer Reitschule oder einem Gestüt vorbei. Neben der Zufahrt stand ein Schild, auf dem einem gesagt wurde, daß das Betreten des Betriebsgeländes verboten sei. Vor den Ställen standen ein paar Leute mit gesattelten Pferden, und er überlegte sich, ob er sich nach dem Preis für eine Reitstunde erkundigen sollte oder nach den Preisen für Pferde. Aber er hatte keine Lust, mit jemandem zu reden, setzte sich stattdessen neben dem Schild ins Gras und rauchte zwei Zigaretten.

Als er zum Tennisclub zurückkam, stand ein kleiner dunkelblauer Sportwagen neben seinem Auto auf dem Parkplatz. Vor der Tür zu Antonios Restaurant ging eine Frau ungeduldig auf und ab. Sie hatte ihr Haar zu einem Pferdschwanz zusammengebunden. Sie trug einen kurzen hellgrünen Tennisrock und ein hellgrünes Oberteil mit dünnen Trägern. Sie hatte *sehr* lange Beine.

Als er näherkam, begrüßten sie sich, und sie sagte, ihre Partnerin habe sie versetzt. Er bot ihr sein Handy an, damit sie ihre Partnerin anrufen könnte, aber sie sagte: Erstens hab ich selber ein Handy. Zweitens gibt es hier eine öffentliche Telefonzelle. Und drittens will ich gar nicht wissen, warum jemand eine Verabredung mit mir vergißt.

Sie standen nebeneinander und schauten auf die leeren Tennisplätze hinaus. Er hatte in den letzten Jahren schon öfter ganz leere Tennisplätze gesehen. Die Leute spielten einfach weniger Tennis in letzter Zeit. Das war gar nicht zu übersehen. Er schaute die Frau an und sagte: Tennis ist eine aussterbende Sportart. Und vielleicht ist heute genau der Tag, an dem nur noch zwei Leute übriggeblieben sind, die Tennis spielen. Wir sind vielleicht die letzten zwei Menschen auf der Welt, die Tennis im Kopf haben.

Sie lachte. Dann sagte sie: Es könnte auch sein, daß seit gestern auf Tennis die Todesstrafe steht, und jetzt trauen sie sich alle nicht mehr zu spielen, diese Weicheier. Sie lachten alle beide, und drei Minuten später standen sie auf Platz 9 und spielten.

Es ist immer ein seltsam unsicheres Gefühl, wenn man gegen jemanden spielt, den man nicht kennt, eine ganz deutliche Angst, der andere könnte maßlos überragend sein, und die meisten Männer sagen in einer solchen Situation zu diesem anderen, zu diesem Neuen und Unbekannten und Bedrohlichen, sie hätten letzte Nacht so viel getrunken oder sie hätten eine noch nicht ganz ausgeheilte Verletzung, nur damit sie hinterher im Fall einer Niederlage nicht als Geschlagene, als Verlierer dastehen, sondern als Leute, die eigentlich nur wegen ihres Handikaps verloren haben ... wegen des vielen Weins, wegen dieser alten Zerrung. Und wenn sie gewannen, hieß die Botschaft: Ich schlage dich sogar, wenn ich zuviel getrunken habe oder verletzt bin. Frauen machten so etwas nie. Wenigstens hatte er das noch nie erlebt, und die hier war nicht so gemacht, daß sie eine Ausrede suchen würde. Sie hätte das auch gar nicht nötig gehabt. Sie hatte alles, was man zum Tennis brauchte. Sie war schnell und konzentriert, sie hatte eine erstklassige Technik, und sie wußte, wann sie ans Netz gehen konnte. Er mußte seine ganze Geschicklichkeit, seine ganze Konzentration aufbieten, mußte alles aufbieten, was er hatte, um mit ihr mithalten zu können, und nach ungefähr zwanzig Minuten fanden sie ihren Rhythmus, der Platz wurde groß und weit, unendlich weit, so weit wie der riesige Augusthimmel über ihnen, und sie fanden die Logik ihres Spiels, und diese Logik hieß, daß keiner einen Fehler machen durfte, weil ein Fehler den Rhythmus unterbrach, aber natürlich macht dauernd einer beim Tennis einen Fehler, nur war jetzt der Rhythmus so stark, so mächtig, daß die Fehler nicht mehr zählten, daß die Fehler nur noch den Rhythmus unterbrachen, damit man um so mehr spürte, wie stark und mächtig er war.

In den kurzen Pausen, in denen sie Mineralwasser tranken, machten sie ironische Bemerkungen über die leeren Plätze um sie herum, und einmal fragte sie ihn, was er in der Stadt mache und wo er wohne, und er sagte, er mache eine Art Exerzitien in der Stadt und wohne neben einer Studentin, von er nur das rechte Knie kenne, und sie lachte ungläubig und amüsiert, und dann schaute sie ihn an und sah, daß er das nicht erfunden hatte. Sie lachte immer noch, und noch ein bißchen mehr, als sie sagte: Die Wirklichkeit ist manchmal viel komischer als irgendwelche Erfindungen, und dann fragte sie, ob Tennisspielen auch zu den Exerzitien gehöre, und er sagte, es sehe ganz danach aus, und schaute auf ihre Knie, um sie noch einmal zum Lachen zu bringen, und sie lachte noch einmal.

Er hatte beim Spielen nicht viel Zeit, ihre Knie anzuschauen, dafür war der Druck viel zu groß, aber er atmete ihr Spiel ein, ihren Körper, ihre Bewegungen, und sie machten kein Match, sie spielten nicht um Punkte, nicht um Sieg und Niederlage. Sie spielten, um diesen Rhythmus zu halten.

Über zwei Stunden lang spielten sie so, auf einem Platz so groß und weit wie der Himmel, und als sie fertig waren und den Platz abgezogen hatten, setzten sie sich an einen Tisch vor dem Clubhaus und tranken den Rest ihres Mineralwassers. Es war noch immer niemand zu sehen, auch nicht bei Antonios Pizzeria, und sie sagte: Die Todesstrafe hat ja wirklich eine abschreckende Wirkung. Wer hätte das gedacht?

Sie gingen duschen, und er war schon vor ihr fertig und wartete draußen in der Sonne. Als sie aus dem Clubhaus nach draußen kam, trug sie ein enges dunkelblaues Sommerkleid, das bis zu den Knien ging. Sie blieb einen Augenblick stehen, als sie ihn sah. *Seltsam*, dachte er. *Nach dem Duschen sind die Kleider aller Frauen durchsichtig. Ganz gleich, was sie anhaben.* Sie lächelte, als wüßte sie, was er gerade gedacht hatte. Dann sagte sie: Und was machen wir jetzt mit dem angerissenen Nachmittag?

Oh, sagte er. Darüber hab ich noch gar nicht nachgedacht.

Ich jedenfalls hab Hunger, falls das zu Ihren Exerzitien paßt, sagte sie, und er fuhr hinter ihrem kleinen offenen Sportwagen in die Stadt hinunter.

Das war ein tolles Spiel, sagte sie, als sie im Garten eines Restaurants am Fluß saßen. Wie gut, daß Ihr Freund sich den Fuß verknackst hat.

Er sagte: Wie gut, daß es Leute gibt, die Verabredungen nicht einhalten. Sie trug ihr Haar jetzt nicht mehr zu einem Pferdeschwanz zusammengebunden, sondern offen. Es schimmerte in einem seltsamen dunklen Rot, das er noch nie gesehen hatte. Er überlegte, was sie wohl arbeitete. Es mußte etwas sein, bei dem man ziemlich unabhängig sein konnte. Da war er sich sicher. Vielleicht war sie Rechtsanwältin.

Oder Professorin an der Universität. Sie hätte auch Journalistin sein können, aber dann dachte er an die Zeitung in der Stadt. Er konnte sich nicht vorstellen, daß man für diese Zeitung etwas wirklich Intelligentes und Unabhängiges schreiben konnte. Die Artikel waren alle sehr kurz, und auf so wenig Platz konnte man kaum eine Idee wirklich entwickeln. Allerdings konnte man in den meisten Zeitungen nur selten intelligente und unabhängige Dinge lesen. Das kam einfach nicht besonders oft vor. Fast jedes Frühstück war eine Enttäuschung, was die Zeitungslektüre betraf.

Er fragte sie, was sie arbeitete, und sie war Ärztin, Internistin, in einer Gemeinschaftspraxis, und das hier waren jetzt die letzten drei Tage ihres Urlaubs, die sie zu Hause verbrachte, und sie hatte grüne Augen, die wie ein Blick in einen Dschungelweg waren, auf dem Licht und Schatten miteinander spielten. Augen wie der Eingang zu etwas. Sie hieß Rachel – Philosemitische Eltern, sagte sie mit einem entschuldigenden Lächeln. Ein anderer Lebensborn –, und ihre Fingernägel waren sehr rot. Sie wohnte in einem kleinen Bungalow am inneren Stadtrand, und er sah, daß sie ganz leicht abstehende Ohren hatte. Ihre Ohren standen so leicht ab, daß man sich nicht sicher sein konnte, ob sie wirklich abstanden, und er dachte jetzt einen alten Satz, den er schon oft gesagt und gedacht hatte: *Zur Schönheit fehlte ihr nur noch ein Makel.* Jetzt veränderte er den Satz und dachte: *Zur Schönheit fehlte ihr nicht einmal mehr ein Makel.* Sie war nicht hier geboren, sondern in Norddeutschland, aber sie war schon seit sechzehn Jahren in der Stadt, und ein paar Minuten lang konnte er sich kaum von ihrem Schlüsselbein losreißen, von dieser ziemlich tiefen Grube an ihrem Hals in der Mitte des Schlüsselbeins, und sie war gerne Ärztin in einer kleinen

Stadt, man habe die Leute dann alle so nah, man habe dann manchmal das Gefühl, man könne sie wirklich beschützen, alle miteinander, man könne sie nicht nur vor Schmerzen, sondern auch vor dem Tod bewahren. Und dann sterben sie doch, sagte sie. Ihr Mund war nicht geschminkt, aber er war sehr groß, und er mochte diesen Mund, wenn sie redete. Und er mochte ihn, wenn sie nicht redete. Manchmal, sagte sie, während sie die Leute an den anderen Tischen musterte, manchmal glaube sie, daß sie die ganze Stadt vor dem Untergang bewahren könne. Ich meine, daß ich verhindern könnte, daß sie alle nacheinander sterben.

Dafür kommen Sie schon zu spät, sagte er.

Sie saßen ziemlich lange im Garten des Restaurants. Dann gingen sie zum Parkplatz zurück und lösten noch zwei Parkscheine für ihre Autos. Er erinnerte sich an ein neues großes Schild, das er jetzt zum ersten Mal an der Einfahrt zur Stadt gesehen hatte. Auf dem Schild teilte die Stadtverwaltung in großen Lettern mit, daß es in der Stadt keine einzige nicht gebührenpflichtige Parkmöglichkeit gebe. Es klang irgendwie triumphierend – *Ihr habt keine Chance!*

Sie schlenderten zusammen durch die Stadt, als hätten sie das schon oft getan. Einmal, als sie bei einem Schaufenster stehenblieben, stand er hinter ihr, und sie mußte in der Glasscheibe gesehen haben, daß er ihr Haar bewunderte, auf das jetzt die Sonne fiel und das fast dauernd seine Farbe änderte. Sie mußte das gesehen haben, weil sie – ohne sich umzudrehen – sagte: Sogar mein Sohn glaubt, daß das nicht echt ist. Aber ich hab diese paar grauen Haare, an denen man sehen kann, daß es so ist, wie es aussieht. Sobald das Licht nur ein bißchen wechselte, veränderte sich die Farbe ihres Haars. Ihr Sohn war neunundzwanzig Jahre alt und arbeitete als

Flugzeugbauer in Hamburg, und als sie jetzt etwas später an dem Café vorbeikamen, in dem am Tag zuvor die beiden jungen Männer sich über die Bibel unterhalten hatten, sagte er: Als ich jung war, zehn Jahre jünger als Ihr Sohn, haben wir uns hier in den Cafés über den Vietnamkrieg unterhalten.

Ja, und? sagte sie. Hat es etwas gebracht?

Ich war dafür, sagte er. Ich meine, ich hab gedacht, daß man mit den Vietnamesen ziemlich schnell fertig wird.

Und? sagte sie noch einmal.

Ich war noch jung, noch keine neunzehn. Ich hab nicht gewußt, was da wirklich vorgeht.

Und was ging da wirklich vor?

Oh, sagte er. Nachdem der Tote mit dem Hubschrauber ausgeflogen worden war, führte Lieutenant Jimmy Cross seine Männer zu dem Dorf Than Khe. Sie brannten alles nieder. Sie erschossen Hühner und Hunde, sie zerlegten das ganze Dorf, sie forderten Artillerie an und beobachteten die Verwüstung, und dann marschierten sie noch ein paar Stunden durch den heißen Nachmittag.

So ist das also gewesen, sagte sie. Aber das wissen wir ja längst. Wenn man die Welt den neunzehnjährigen Jungs überließe, dann hätten wir die ganze Zeit Krieg.

Wir *haben* die ganze Zeit Krieg, sagte er. Manche Jungs werden eben nie älter als neunzehn, oder eher: zwölf. Sie lachten beide, und er war sich ziemlich sicher, daß sie genau das dachte, was ihm auch durch den Kopf ging – daß die, die im Krieg verheizt werden, oft auch nicht älter werden als neunzehn.

Ich bin hier weggegangen, als ich neunzehn war, sagte er ein paar Minuten später.

Weil Sie einen Krieg gewinnen wollten?

Nein, sagte er. Weil ich einen Krieg verloren hatte.

Sie lächelte. Das klingt ja sehr dramatisch, und er schaute wieder in diese grünen Augen, die wie ein Blick in einen Dschungelweg waren, auf dem Licht und Schatten miteinander spielten. Augen wie der Eingang zu etwas. Dann schaute er ihr Haar an und dachte an das andere Haar, dessen Schwung und Duft er mit sich genommen hatte, als er die Stadt verlassen hatte, dachte an das Gesicht, sah dieses Gesicht von damals vor sich, oder das, was die Erinnerung noch davon übriggelassen hatte, Nase, Mund, Kinn, und jetzt schaute er das Gesicht dieser Frau mit den seltsamen roten Haaren an, prägte es sich ein, als dürfe er es nie wieder vergessen, als dürfe nie etwas davon jemals verschwinden.

Etwas später, als sie vor einem Kino stehenblieben, sagte sie: Haben Sie heute Abend schon etwas vor? Und erst, als sie das sagte, wußte er, daß er verloren wäre, völlig verloren, wenn sie heute Abend keine Zeit für ihn hätte. Oder morgen. Oder übermorgen. Oder irgendwann. Er wußte nicht, was er ohne sie hätte tun sollen. Die Welt wäre nur noch ein leerer bleifarbener Ort, an dem es nichts für ihn zu tun gab.

Er schaute in diese grünen Augen, die jetzt ganz dunkel waren, und sagte: Ich hab nur eine lose Verabredung, aber die kann ich absagen.

Das ist gut, sagte sie. Dann könnten Sie heute bei mir essen. Wir können doch nicht schon wieder in ein Restaurant gehen. Sonst fangen die Leuten noch an, über uns zu reden.

Sie gingen in ein paar Geschäfte und kauften fürs Abendessen ein. Er konnte sich nichts Interessanteres vorstellen, als genau das zu tun: Feigen und Basilikum einkaufen und

Mozzarella und Kartoffeln und ein Glas ganz kleine Kapern und zwei Zitronen und ein paar Scheiben Parmaschinken, und am Ende gingen sie noch in einen Fischladen, und er hätte nichts dagegen gehabt, wenn sie noch länger, noch ein paar Stunden eingekauft hätten. Danach gingen sie zum Parkplatz, und sie fuhr nach Hause zu ihrem Bungalow, und er fuhr zum Knie der Studentin auf der Terrasse.

Er rief seinen Tennispartner an, erkundigte sich nach dem verknacksten Fuß und sagte, er sei zu erschöpft, um an diesem Abend noch etwas zu unternehmen.

Um halb acht stand er vor dem Bungalow. Er war zu Fuß gekommen, weil das Haus nicht allzu weit von seiner Wohnung entfernt war, vielleicht eine halbe Stunde, und weil er mit dem Auto in ein paar Minuten da gewesen wäre, aber er hatte nicht mehr warten können, hätte nicht gewußt, was er mit dieser halben Stunde hätte anfangen sollen, also war er zu Fuß gegangen, damit diese halbe Stunde ausgefüllt war.

Sie lächelte, als sie die Tür aufmachte, und es war ein hübsches Haus, in dem sie da wohnte, nicht so leergeräumt, wie man das in den letzten Jahren häufig sah (*leergeräumte Seelen*, dachte er immer, wenn er in Cafés und Wohnungen ging, die so aussahen), und als Vorspeise hatte sie einen Salat aus Feigen und Parmaschinken und Mozzarella und Basilikum gemacht mit einem Dressing aus Honig und Zitronensaft, und sie tranken einen leichten Weißwein dazu, und sie hatte immer noch sehr rote Fingernägel, was ihm gefiel, und ihr Haar wirkte jetzt einfach nur dunkelbraun, was ihm auch gefiel, aber er wartete darauf, daß es wieder rot wurde, und sie redeten über den Sommer und über die Häuser und die Leute in der Umgebung, sie redeten über ganz einfache Dinge, es war alles ganz einfach und angenehm, wie der

Geruch von frischem Heu, und dann zog sie ihn in die Küche und setzte kleine Kartoffeln auf und zerschnitt ein dickes Fischfilet in große Stücke, beträufelte die Stücke mit Zitronensaft und Olivenöl, schnitt ungefähr zwei Eßlöffel Zitronenfleisch in kleine Stücke, nahm genauso viel kleine Kapern, und als nach ungefähr sechzehn oder siebzehn Minuten die Kartoffeln gar waren, bat sie ihn, sie abzugießen und zu pellen, und sie gab Butter in eine große Pfanne und fing an, den Fisch zu machen. Das nennt man Fisch auf Grenobler Art, sagte sie. Das dauert nur ungefähr vier oder fünf Minuten, ungefähr so lange, wie das Kartoffelpellen. Und wenn wir Glück haben, werden wir genau gleichzeitig fertig. Sie lächelte. Das ist wie in der Liebe, sagte sie dann noch, und sie lachten, und es gab einen sehr guten Chablis zu dem Fisch, und in der Liebe war es wie in der Küche, und es war nicht, als wäre er mit einer Fremden zusammen, es war eine ganz alte Vertrautheit, wie mit der klaren, warmen Augustnacht, die ganz dunkel und weit war, etwas, das es schon immer gegeben hatte, und irgendwann später, viel später, als sie ruhig nebeneinander lagen, sagte er: Das ist das beste Fischrezept, das ich kenne.

Oh, ja, sagte sie. Und es ist von großer Nachhaltigkeit, und wieder hingen sie aneinander wie zwei Fremde und zwei Vertraute. Sie machten alles, was man in der Liebe miteinander machen kann, und sie waren wie zwei nackte Kinder, weil alles ganz neu war, und sie waren nicht wie Kinder, weil sie alles wußten, was man wissen konnte, und sie wußten noch lange nicht alles, und es ging immer weiter und weiter wie bei Kindern, die alles wissen wollten, immer weiter, und irgendwann in der Nacht sagte sie: Um halb acht kommt die Putzfrau, und ich finde, das geht die Putzfrau nichts an.

Ja, ich finde auch, daß das die Putzfrau nichts angeht, sagte er, aber der Weg bis zur Haustür war wie die ersten Schritte eines Kranken, der wochenlang im Bett gelegen hatte und jetzt zum ersten Mal aufstand. Seine Beine waren ganz leicht und weich. Sie verabredeten sich für zehn Uhr zum Tennisspielen, er lehnte ab, als sie ihm anbot, ihn zu fahren, und ging durch die warme Augustluft zu Fuß nach Hause.

Er wachte von einem dumpfen Schlag gegen die Fensterscheibe neben seinem Bett auf. Er wollte weiterschlafen, schaute aber einfach aus Gewohnheit auf die Uhr. Es war neun vor acht. Er drehte sich um, und bevor er wieder einschlafen konnte, überlegte er, was das wohl gewesen sein konnte, das da gegen das Fenster geschlagen war. Es hatte geklungen wie ein Schneeball oder ein Tennisball. Aber ein Schneeball im August war ziemlich unwahrscheinlich, sogar wenn man gerade erst aufgewacht war. Er fand jetzt, daß er aufstehen und auf der Terrasse nachschauen mußte.

Als er nach draußen ging, konnte er nichts Ungewöhnliches entdecken. *Vielleicht hab ich das nur geträumt*, dachte er, drehte sich um und wollte zurück in die Wohnung gehen, als er auf dem Kissen eines der Terrassenstühle eine Amsel liegen sah. Sie war nicht schwarz, sondern dunkelgrau. Ein Weibchen. Und sie war tot. Er nahm sie zögernd in die Hand. Sie war noch ganz warm. Sie war ja auch erst seit ein paar Sekunden tot. Er legte die andere Hand auf die Amsel, ging mit ihr nach vorne zur Brüstung der Terrasse, die von großen steinernen Pflanzenbehältern gebildet wurde, und legte sie neben eine der kleinen Zierkiefern, die da wuchsen. *Mein Gott*, dachte er und sah wieder das Gesicht vor sich oder das, was die Erinnerung von ihrem Gesicht noch übriggelassen hatte. Nase, Mund, Kinn und ihr schwarzes Haar, das ihn immer an Amseln erinnert hatte. *Sie ist tot! Sie muß jetzt gestorben sein! Um neun vor acht! Und diese Amsel ist das Zeichen dafür.*

Wie war das denn zugegangen, daß die Amsel gestorben war? Vielleicht hatte der rothaarige Kater sie gejagt, und sie war voller Angst und Verwirrung gegen die Fensterscheibe geflogen. Oder ihr Herz hatte schon in der Luft, mitten im Flug, ausgesetzt, und sie hatte die Orientierung verloren, *konnte* gar nicht mehr wissen, wohin sie flog. Oder sie hatte gespürt, daß sie sterben würde und wollte sich zu ihm flüchten, erwartete Rettung oder Geborgenheit oder wenigstens jemanden, der die Hände um sie legte, wenn sie starb. Morgen würde es in der Zeitung stehen. Spätestens übermorgen. Er sah die Anzeige vor sich, und da stand, daß sie um neun vor acht gestorben war. Aber das war natürlich Unsinn. Warum sollte sie sterben, nur weil hier eine Amsel gegen die Fensterscheibe geflogen war? Das war einfach nur Unsinn. Und es gab keine Todesanzeigen, in denen die Stunde des Todes angegeben wurde. Nein, das war Unsinn. Alles war Unsinn.

Er zog sich an, ging zu dem kleinen Laden hinunter und kaufte sich eine Mohnsemmel, ein Croissant und die Zeitung. Er frühstückte lustlos, schaute dabei kein einziges Mal zu der Amsel hinüber. Nahm auch die Zeitung nicht in die Hand. Er war voller Trauer und Entsetzen. Aber das alles war doch Unsinn. Magisches Denken. Kinderkram. Und trotzdem war er voller Trauer und Entsetzen. Er dachte an eine Hochzeit, die vielleicht fünf oder sechs Jahre zurücklag.

Oder waren es sieben Jahre? Ein großer Saal in einem Hotel, und wenigstens die Hälfte der Frauen auf dieser Hochzeit waren Frauen in seinem Alter gewesen. Die Elterngeneration. Er kannte die wenigsten von ihnen, tanzte mit fast allen, unterhielt sich mit ihnen, erfuhr, was sie machten und was sie aus sich gemacht hatten. Und da beim Tanzen, und noch oft danach, hatte er gedacht, wie stolz er auf diese Frauen war, auf ihre Unabhängigkeit. Obwohl er gar nichts für ihr Leben konnte. Er war stolz wie ein Vater oder ein Freund, obwohl er gar nichts dafür konnte. Stolz in einer Welt, die nie zu Ende gehen durfte. Und jetzt, jetzt hier auf dieser Terrasse, fing das Sterben an. Diese Frauen starben jetzt. Damit hatte er nicht gerechnet. Er wollte nichts davon wissen. Er wollte nicht morgen in der Zeitung lesen, was heute um neun vor acht passiert war.

Er ging vors Haus und grub mit einem Eßlöffel ein Grab für die Amsel. Dann ging er zu der Brüstung, nahm die Amsel wieder in die Hand und schloß ihr die Augen. Sie war immer noch warm. Als er sie begraben hatte, legte er beide Hände auf das Grab und ließ sie da liegen, bis ihm der Rücken wehtat. *Das warst jetzt also du,* dachte er. *Und ich weiß gar nichts über dich.*

Er ging ins Badezimmer und putzte sich die Zähne und rasierte sich. Dann machte er den Abwasch. Danach packte er seine Sachen ein, saugte die Böden und die Teppiche, staubte ab, duschte, packte seine Sachen in den Wagen und fuhr davon. Er konnte hier nicht mehr sein. Keinen Tag mehr länger, keine Stunde. Ja, es stimmte – er lief vor dem Tod davon. Zum ersten Mal in seinem Leben. Zum ersten Mal versuchte er nicht, ihn aufzuhalten. Versuchte nicht, die Wahrheit herauszufinden. Er lief einfach davon.

Als er schon ein paar Kilometer gefahren war, schon auf der Landstraße war, hörte er die Stimme seiner Tochter, sah sie irgendwo in seinem Kopf, deutlich und dann wieder undeutlich. Stirn, Nase, Mund, Kinn, und wieder dasselbe Entsetzen, dieselbe Angst. Keine Trauer, sondern fliehende Angst. Er fuhr in einem Waldstück an den Straßenrand und hielt an. Sein ganzer Körper zitterte, und als er nach hinten griff und sein Handy aus der Brusttasche seines Sakkos zog, hätte er es am liebsten fallen lassen. Er wollte nichts hören und nichts wissen. Aber sie nahm ab, als das Freizeichen kam. Sie war gerade auf dem Weg zur Arbeit, und sie freute sich, daß er anrief, und dieser Augusttag war bei ihnen genauso schön wie bei ihm, und sie wollte ihn abends wieder anrufen.

Es war ihr nichts geschehen. Nichts war passiert. Er stieg aus und lief fast verrückt vor Glück durch den Wald. Er fing an zu tanzen, und er brüllte etwas durch den leeren Wald, das er nicht einmal selber verstand. Dann lief er wieder zum Auto zurück und ließ sich atemlos auf den Fahrersitz fallen, und dann, erst dann, kamen sie noch einmal, diese Angst und das Entsetzen, und er startete den Wagen und wendete, fuhr wieder zurück in die Stadt. Er hatte sich nicht damit aufgehalten, sich anzuschnallen, er fuhr einfach dahin auf dieser Straße, und er fuhr viel zu schnell, fuhr fast denselben Weg, den er gekommen war, sein ganzer Körper bestand aus Angst und Entsetzen, und er fuhr bis zu dem kleinen Bungalow, obwohl er wußte, daß es zu spät war, sie wäre längst weg zum Tennisplatz, aber auch für den Tennisplatz wäre es schon zu spät, viel zu spät.

Sie war nicht da, als er an der Haustür klingelte, und er sprang wieder in den Wagen und fuhr durch die Stadt und über den Fluß und die schmale steile Straße hinauf zum Tennisclub. Ihr kleiner blauer Sportwagen stand auf dem Parkplatz. Sonst war kein Auto da, und die Tennisplätze, die man von da aus übersehen konnte, waren leer. Als er ausstieg, hörte er das *PloppPlopp* von Tennisbällen. Er ging zum Eingang hinüber und sah, daß sie auf dem hintersten Tennisplatz war. Nicht auf dem Platz, auf dem sie gestern gespielt hatten, sondern auf dem allerletzten. Sie hatte sich zwei von den Drahtkörben mit Trainingsbällen besorgt, mit fünfzig, hundert oder vielleicht hundertfünfzig Bällen, und sie stand auf einer Seite des Platzes und machte Aufschläge. Einen Aufschlag nach dem anderen. Sie schlug die Bälle mit großer Wucht, und er spürte den Zorn, der in jedem ihrer Schläge lag. Die andere Seite des Platzes sah aus wie ein Schlachtfeld voller Tennisbälle. *Die letzte Tennisspielerin*, dachte er.

Er ging langsam zu ihr hinüber und hatte dabei das Gefühl, daß mit jedem seiner Schritte ihre Schläge härter und zorniger wurden, und als er neben ihr stand, schlug sie immer weiter. Aufschlag um Aufschlag, und sie reagierte auch nicht, als er sagte: Ich bin davongelaufen. Wie hätte sie auch reagieren sollen? Was sollte sie denn denken? Und als er sagte: Ich war voller Angst, reagierte sie nur mit einem neuen Aufschlag, und dann mit noch einem und noch einem. Er wußte nicht, was er sagen sollte. Wie sollte er denn erklären, was passiert war? Und was sollte er denn gegen diesen Zorn machen? Es gab keine Wörter, mit denen man gegen diesen Zorn ankommen konnte.

Er ging langsam zu seinem Wagen zurück, öffnete den Kofferraum, holte seine Tennistasche heraus und zog sich da draußen auf dem Parkplatz um. Dann ging er wieder zu ihr zurück. Sie war jetzt auf der anderen Seite des Platzes, sammelte Tennisbälle ein und warf sie in einen der Körbe. Er nahm den anderen Korb und füllte ihn mit Tennisbällen. Als sie damit fertig waren, stellten sie sich nebeneinander an die Grundlinie. Sie auf der linken Seite und er auf der rechten. Sie hatten sich noch kein einziges Mal angeschaut, und auch jetzt, als sie einen Aufschlag nach dem anderen auf die andere Seite schlugen, waren sie wie zwei Geister, die füreinander unsichtbar waren. Und dann, als sie jeder schon zwanzig oder dreißig Bälle geschlagen hatten, sagte er: Ich hab heute früh eine Amsel begraben.

Sie unterbrach ihre Aufschlagbewegung. Das war aber eine verdammt lange Beerdigung, sagte sie. Wahrscheinlich ein Staatsbegräbnis. Und jetzt lächelte sie. Er spürte, daß er auch lächelte. Dann sagte sie: Geh nach drüben. Ich kann jetzt nicht reden. Aber so wie wir das hier machen, wird das nie ein Spiel.

ELAINE

A ber das alles (oder dieses bißchen) war es nicht, das ihn diese Jahre überstehen ließ. Er hatte diese Zeit überstanden, weil es Elaine gab. Elaine Cameron. Elaine aus York. Dreizehn Jahre älter als er. Seine Lektorin an der Uni. Tenniscrack. Sie konnte kaum kochen, aber sie machte ein Toast Hawaii, das genauso schmeckte wie alle anderen Hawaiitoaste auch, außer den ganz schlechten. (Machte heute eigentlich irgendjemand noch Toast Hawaii?) Sie hatte ein kleines Apartment in Schwabing, und er nannte sie fast vom ersten Tag an *Sister Elaine*, und sie ihn *Brother Gerald*.

Er wusste nicht mehr, wie es angefangen hatte, aber als es angefangen hatte, kam er zu ihr wie ein Kind. Sie sahen sich jeden Tag. Er tauchte manchmal einfach morgens um zwei bei ihr auf, und sie machte Kaffee, und sie redeten, bis es Zeit zum Aufstehen gewesen wäre. Es war seltsam, aber er kam nie nachts zu ihr, wenn einer ihrer Lover da war, obwohl er gar nicht wissen konnte, daß sie nicht alleine war. Er bekam diese Männer nie zu Gesicht. Es passierte einfach nicht. Außer einmal an einem Sonntagmorgen, als er bei Elaine frühstückte und es unten klingelte und kurz darauf John in der Tür stand. John aus Birmingham. Der Mann,

den sie heiraten wollte. Elaine hatte nichts an außer ihrem
Bademantel. Ich wollte gerade duschen, sagte sie, und während sie im Badezimmer war, unterhielt er sich mit John und
merkte, daß John immer steifer wurde oder immer abwesender, fast wie jemand, der langsam zu einer Statue wird
oder zu einer Salzsäule, und es dauerte einige Minuten, bis
er sah, was ablief – John starrte *ihn* an, genauer gesagt seine
Hände, die mit der Bluse spielten, die Elaine über eine Stuhllehne geworfen hatte und die er, ohne es zu merken, in die
Hand genommen hatte, als John hereingekommen war. *Oh,
I'm sorry*, sagte er und legte die Bluse wieder über die Stuhllehne.

That's okay, sagte John. *As long as it's not her bra.*

Sie ist meine Schwester, dachte er oft. Nicht wie Julia. Er
vertraute ihr wie Julia. Aber es war ein Vertrauen ohne Risiko, ohne diese Gewalt, die hochschießt und die Zukunft
aufreißen will, die ganze Welt. Es war *Sister Elaine* und
Brother Gerald. Das hätten auch Klosternamen sein können. Wenn er mit ihrer Bluse spielte, dann spielte er eben mit
ihrer Bluse, einfach zufällig mit irgendeinem Kleidungsstück. Es hätte auch ein Schal sein können. Oder ein Tennisball oder eines der Bücher, die in der Wohnung herumlagen.
Elaine las die ganze Zeit, wenn sie nichts anderes zu tun
hatte, aber sie las die ganze Zeit. Sie kannte alles. Wenigstens
alles, was man in ihrem Alter kennen konnte, wenn man die
ganze Zeit las, in der man nichts anderes zu tun hatte. Und
sie versorgte ihn mit Büchern. *Read the Russians, Brother
Gerald!* sagte sie. Und er las die Russen. *Don't read D.H.
Lawrence*, sagte sie, und er las D.H. Lawrence nicht, obwohl
er auf der Lektüreliste stand. Und sie sagte, in *The Sound*

and the Fury gibt es eine Schwester, Caddy, die dir gefallen wird. Das ganze Buch wird dir gefallen. Du bist einer von denen, für die es geschrieben worden ist.

Einmal sagte er: wie machst du das eigentlich? Du arbeitest sehr viel, du liest wahnsinnig viel, du gibst dich mit diesen Männern ab, und dann hast du auch noch mich. Du machst Phonetik mit mir, du machst Etymologie mit mir, und du machst Idiomatik mit mir und Tennis, und manchmal machst du mir morgens um zwei einen Kaffee und gehst danach nicht mehr ins Bett.

Ja, sagte sie. Du bist der größte Zeiträuber von allen. Vor allem beim Tennis. Ich möchte manchmal überhaupt nicht mehr aufhören.

Das wollte er meistens auch nicht. Sie hatte ihm Tennis beigebracht. Mit viel Geduld, Ironie und Lust. Aber er hatte schnell gelernt. Und er hatte entdeckt, daß er beim Spielen alles vergaß, was ihn bedrückte. Es gab nur diesen Ball, nichts anderes, und es gab seinen Körper, fest, stark, schnell, der hinter diesem Ball herflog. Oder doch, es gab doch etwas anderes, das kam, wenn er eine halbe Stunde oder länger gespielt hatte, wenn er an nichts anderes mehr dachte, dann war auf einmal Julia da. In seinem Körper, nicht irgendwo, sondern in seinem Körper, in ihm. Sie füllte ihn ganz aus. Alles, das ganze Leben, war da. Die ganze Welt, die er kannte, war in ihm, ganz dicht und gegenwärtig. Es war ein Wunder. Es war wie später beim Schreiben, wenn er an diesen Punkt kam, von dem ab ein Buch sich selber schrieb. Es ist wie beim Tennis, dachte er oft. Es gibt einen Punkt, von dem ab ich weiß, daß ich nicht mehr schlecht spielen kann. Ich kann noch verlieren, aber schlecht spielen kann ich nicht mehr. Das sind diese langen Wochen und Monate des Glücks.

Er würde das ohne Elaine wahrscheinlich nicht kennen. Einmal, im Sommer, hatten sie vier Stunden lang gespielt. Sie waren beide vollkommen erschöpft, setzten sich auf die Tribüne und schauten den anderen beim Spielen zu, schauten in den Himmel hinauf oder nirgendwohin. Irgendwann sagte Elaine ganz leise: Denn alle Lust will Ewigkeit. Will tiefe, tiefe Ewigkeit.

Was ist das? sagte er.

Zitat, sagt sie. Nietzsche. Solltest du mal lesen. Und jetzt, *Brother Gerald*, jetzt gehen wir erstmal duschen.

Und dann gehn wir was essen, sagte er.

Können wir uns nicht leisten, sagte sie.

Also? sagte er.

Also Toast Hawaii, sagte sie lachend. Weißt du eigentlich, daß ich jetzt, genau jetzt, wahnsinnig glücklich bin?

Nein, weiß ich nicht. Haben wir eigentlich noch Ananas für das Toast?

Hast du mich gehört, *Brother Gerald*?

Und Schinken?

Brother Gerald?

Ist auch Ketchup da?

Brother Gerald?

Und Toast? Haben wir überhaupt noch Toast?

Was ziehst du denn hier für eine Litanei ab, *Brother Gerald*? Kennst du nichts Besseres. Keine richtig gute Litanei?

Oh, doch, sagte er: Du elfenbeinerner Turm.

Das klingt schon besser.

Du ... Sitz der Weisheit.

Weiter?

Ich weiß nicht weiter.

Also ... *Mystical Rose*.

Du geheimnisvolle Rose, sagte er.

Gate of Heaven.

Du Pforte des Himmels.

Cause of our joy.

Du Ursache unserer Freude.

House of gold.

Du goldenes Haus.

Mein Gott, sind wir katholisch! sagte sie.

Elaine, du kennst wirklich alles. Aber mehr kriegen wir nicht zusammen, oder?

Das kam jetzt alles wieder zurück, nach diesen Jahrzehnten. Satz für Satz. Fast Wort für Wort. Elaine! Elaine! Sogar ein Witz fiel ihm wieder ein, der eigentlich gar kein Witz war. Elaine hatte eine Studentin getröstet, die weinend auf den Stufen im Lichthof der Uni saß, weil sie in irgendeiner Prüfung durchgefallen war. Sie setzte sich neben das Mädchen, legte den Arm um sie und versuchte sie zu beruhigen. Irgendwann sagte sie zu der Studentin: Was mich nicht umbringt, macht mich stärker. Am nächsten Tag erschien der aufgebrachte Vater des Mädchens und legte eine wilde Szene hin – Er werde sich beim Dekan beschweren. Die Prüfung müsse wiederholt werden. Elaine habe das Mädchen zum Selbstmord aufgefordert. Der Satz, *Was mich nicht umbringt, macht mich stärker,* stamme von Hemingway und jeder wisse, daß Hemingway Selbstmord begangen habe. Elaine sagte, das muß ein Mißverständnis sein. Der Satz stammt nicht von Hemingway. Er stammt von Nietzsche. Und Nietzsche hat nicht Selbstmord begangen. Nietzsche hatte Hämorrhoiden.

Das war Elaine. Sie konnte genauso trocken formulieren wie sie einen Volley am Netz versenkte. Er war stolz, daß er sie kannte. Stolz, daß sie sich mit ihm abgab. Er brauchte sie. Er brauchte diese Schwester, würde sie sein ganzes Leben lang brauchen. Sie würden immer etwas miteinander zu tun haben.

Dann kam der letzte von tausend Tagen, der letzte Abend von tausend Abenden, die letzte Nacht von tausend Nächten. Elaine ging wieder nach England zurück, und sie lud ihn an diesem letzten Abend zum Essen ein. In ein Restaurant im ersten Stock der Theatiner-Passage, das es jetzt schon lange nicht mehr gibt. Irgendwann nach dem Essen, als sie dasaßen und Wein tranken und sich unterhielten, schaute sie ihn lange an. *Tell me, Brother Gerald, have you ever been a little bit in love with me? Just a tiny little bit?* Und er, jung und dumm und elefantenhaft blöde, protestantisch wahrheitsdumm, obwohl er gar kein Protestant war, sagte: *No.* Und dann sagt er es noch einmal. *No, Elaine,* und sah in ihren Augen die Welt einstürzen, und er streckte die Arme über den Tisch aus, wollte sagen, was er nicht sagen konnte, Elaine, ich kann niemanden lieben, noch nicht, jetzt noch nicht, vielleicht nie, weil Julia da ist, und ich rede nicht über Julia, weil ich sonst verrückt werde. Er konnte das nicht sagen. Er sagte bloß, Elaine, ich glaub, ich werde in meinem Leben am liebsten immer mit Frauen Tennis spielen. Du wirst immer da sein, wenn ich Tennis spiele.

Schöne Aussichten, sagte sie. Und wer ist bei mir, wenn *ich* Tennis spiele?

Später, als sie sich vor ihrem Haus verabschiedeten, sagte sie lächelnd, *Don't kiss me, Brother Gerald. Don't take me to the station tomorrow,* aber er kam zum Bahnhof. Sie sah ihn nicht, aber er ließ sie nicht aus den Augen, bis sie in der Tür ihres Waggons verschwunden war. Elaine.

Elaine. Ohne die er die Leere dieser Jahre nicht ertragen hätte. Elaine. Die seine Schwester war. Elaine. Die er jetzt auch ins Leere gestürzt hatte. *Sister Elaine.* Die es nie wieder geben würde. Genausowenig wie *Brother Gerald.* Aber der schlimmste Schlag kam erst ein paar Jahre später. Er las alle Bücher, die Elaine jemals erwähnt hatte. Es war wie ein Gebet. Oder wie ein Ablaß. Wie ein sinnloses Gebet, weil sich nichts mehr ändern ließ. Aber er war ihr nah, wenn er diese Bücher las. Und irgendwann las er Nietzsche, und irgendwann las er diesen Satz, daß Freundschaft zwischen Männern und Frauen nur möglich sei, wenn eine gewisse physische Abneigung bestehe.

Er erinnerte sich jetzt deutlich an den Augenblick, in dem er diesen Satz las. Es kam ihm so vor, als hätte er damals geschrien, *Nein! Nein!* Er hatte wahrscheinlich nicht geschrien, man schreit nicht, wenn man alleine mit einem Buch dasitzt, aber jemand oder etwas hatte geschrien. Das ist nicht wahr! Das ist nicht wahr! hatte er gedacht oder geschrien. Nicht Elaine! Nicht Elaine! Und wusste in diesem Augenblick, daß es die Wahrheit war. Daß er sich noch so sehr dagegen wehren konnte, es war die Wahrheit.

Er schämte sich. Hasste sich dafür. Hasste die Welt dafür, daß sie so eingerichtet war. Daß so etwas möglich war und etwas ihn von Elaine getrennt hatte, wovon er gar nichts wusste. Und als er es wusste, oder begriff, spürte er nur noch einen ungeheueren Schmerz. Spürte keine Scham mehr, keinen Haß, sondern nur noch diesen Schmerz, und es war seltsam, wie dieser Schmerz sich über die Jahre verwandelt hatte, so daß er einmal zu Pat hatte sagen können, wir sind eben der Ausnahmeglücksfall, Pat. Oder der Glücksausnahmefall. Ich glaub, es war Nietzsche, der mal geschrieben hat,

Freundschaft zwischen Männern und Frauen sei nur möglich, wenn eine gewisse physische Abneigung bestehe.

Und sie hatte lächelnd reagiert: Oh, danke.

Aber der Satz traf ja auf Pat und ihn nicht zu. Er war nur eine witzige Bemerkung, eine Ablenkung davon, was möglich wäre, wenn sie nicht aufpassten.

Ich *glaub*, es war Nietzsche – natürlich wusste er ganz genau, daß es Nietzsche war, auch wenn er diesen Satz nur ungefähr zitieren konnte, nicht wörtlich, weil er ihn nie wieder angesehen hatte, so wie man einem Gedanken oder einer Erinnerung ausweicht, für die man sich schämt. Er hatte ihn nie wieder gelesen.

NUR WIR DREI

Last night I dreamt I had a letter from you,
two or three sheets of yellow stationery in a yellow envelope.
I recognized your handwriting.
I pulled the folded sheets out about one third, and then the letter
vanished. Usually letters do that only in nightmares,
but that wasn't a nightmare. It's really a shame. I would very
much have liked to know what women write to me in my dreams.

Als ich vierzehn war, bekam ich mein erstes Fahrrad. Das wäre für heutige Verhältnisse ziemlich spät. Heute bekommen die meisten Kinder ihre Fahrräder wahrscheinlich mit drei oder vier oder sogar schon früher. Wenn man sein erstes Fahrrad mit drei oder vier bekommt oder vielleicht schon früher, dann fährt man damit vor dem Haus auf und ab, oder man fährt den ganzen Tag um den Häuserblock herum wie ein glücklicher Goldhamster.

Wenn man aber sein erstes Fahrrad mit vierzehn bekommt, dann fährt man ein einziges Mal um den Häuserblock herum, um die Gangschaltung zu testen, und danach will man eigentlich nur eines – man will mit diesem Fahrrad nach Paris fahren. Das wollte man eigentlich schon, bevor man die Gangschaltung getestet hat. Paris! Der Eiffelturm! Die Champs-Élysées! Die Seine! Die Clochards! Der Arc de Triomphe und lauter Leute, die den ganzen Tag französisch sprechen und Chansons singen!

Ja, so ist das. So war das. Wir waren vierzehn, und mein Freund und ich wollten in den Großen Ferien mit unseren neuen Fahrrädern nach Paris fahren. Das war die erste Idee, die uns beim Anblick unserer Räder in den Kopf kam, während Leute, die ihre ersten Fahrräder mit drei oder vier bekommen, vielleicht noch nicht einmal wissen, daß Paris überhaupt existiert.

Keiner von uns sprach das Wort Paris aus, aber wir hatten es beide im Kopf. Ganz bestimmt. Wenigstens ich hatte es im Kopf. Wir sprachen das Wort erst am Abend des ersten Tages nach unseren fahrradlosen Jahren aus, als wir mit unseren Rädern vor einer Plakatwand standen und den Titel eines Konzerts lasen, das sie da ankündigten: *Save the Last Dance for Me.*

Toller Titel, sagte mein Freund.

Ja, sagte ich und stellte mir vor, daß ich das einmal zu jemandem sagen würde. Irgendwann einmal. Vielleicht sogar schon bald.

Und dann sagte ich auch: Ja, toller Titel – *Save the Last Dance for Me.*

Wenn man vierzehn ist und voller Erstaunen *Save the Last Dance for Me* sagt, dann kann es passieren, daß man beim Reden zwei oder drei Jahre älter wird, als man ist, und als nächstes einfach sagt: Wollen wir in den Ferien nicht nach Paris fahren?

Oder man sagt: Hast du Lust, nach Paris zu fahren?

Oder: Wir sollten vielleicht nach Paris fahren.

Oder: Laß uns nach Paris fahren.

Oder man sagt einfach: Mensch, Paris! Da sollten wir hin!

Es kann sein, daß ich mich täusche. Daß ich mich vielleicht nicht richtig erinnere. *Save the Last Dance for Me* ist ein Song von den Drifters, der damals gerade erst herauskam, und es ist schwer vorstellbar, daß die Drifters gleich in diesem Sommer in unserer Stadt ein Konzert gegeben haben. Sie haben zuerst wahrscheinlich eine Menge Konzerte in Amerika gegeben, und es ist gut möglich, daß wir erst ein Jahr später vor dieser Plakatwand standen, auf der sie Reklame für ein Konzert der Drifters machten und wir beschlossen, mit unseren Fahrrädern nach Paris zu fahren.

Es kann also auch im Jahr darauf gewesen sein, aber auf keinen Fall später. Ich kann das sagen, weil ich genau weiß, daß ich zwei Jahre später zum ersten Mal in meinem Leben zu jemandem gesagt habe: *Save the last dance for me.*

Aber es ist nicht wichtig, ob diese Plakatwand in meinem Gedächtnis um ein Jahr verrutscht ist, weil wir in diesem Sommer, in dem wir vierzehn waren, nicht nach Paris gefahren sind. Das haben wir erst drei Jahre später gemacht. In dem Sommer, in dem wir vierzehn waren, fanden unsere Eltern, wir wären zu jung für Paris. Sie fanden, wir beiden Jungs könnten irgendwo in der Nähe zwei Wochen zelten, und danach würden meine Eltern mit mir auf dem Schiff nach Wien fahren. Was wir dann auch taten. Ich habe schlechte Erinnerungen an diesen Ausflug nach Wien. Meine Eltern wahrscheinlich auch. Vielleicht sogar die Stadt Wien. Es gibt ein Foto von mir, das damals gemacht worden ist: Ich schau finster in die Kamera, wie jemand, der eigentlich woanders sein möchte. Was war denn Wien schon gegen Paris!

Mein Freund und ich fuhren aus Protest nicht weit weg von zu Hause, sondern schlugen für zwei Wochen unser Zelt am

Rand des Stadtparks auf. Wir wollten alles, Paris, oder nichts. Fast nichts. Der Stadtpark in unserer Stadt allerdings war (und ist) kein normaler Stadtpark, in dem viele Leute herumspazieren und sich ergehen und sich auf eine Bank setzen und ihr Gesicht in die Sonne halten. Er war (und ist) ein Stadtpark, in dem die Sonne keine große Chance hat, irgendwelche Gesichter zu wärmen, weil der Park hauptsächlich aus Bäumen besteht und an vielen Stellen ziemlich dunkel ist. Ich kann mich auch nicht erinnern, daß jemals da oben jemand irgendwelche Blumen gepflanzt hätte: zu wenig Sonne. Der Stadtpark war (und ist) ein ziemlich dunkler Wald auf einer Anhöhe, in dem sich wahrscheinlich noch nie mehr als zehn Leute gleichzeitig aufgehalten haben.

Auch wenn der Park fast von niemandem benutzt wurde, konnten wir unser Zelt doch nicht im Park aufschlagen, sondern wir zelteten auf einer Wiese gleich am Rand des Stadtparks. Die Wiese gehört heute zu einem Reiterhof. Der Reiterhof war früher wahrscheinlich ein Bauernhof, und wir haben wohl den Bauern gefragt, ob wir unser Zelt auf seiner Wiese aufschlagen können. Ich kann mich nicht mehr daran erinnern, aber es muß wohl so gewesen sein. Vielleicht war der Bauer auch eine Bäuerin, aber das spielt heute keine Rolle mehr.

Weiter oben, auch am Rand des Stadtparks, lag (und liegt) eine Tennisanlage mit vielleicht acht oder zehn Plätzen, aber das war für uns nicht weiter wichtig. Tennis interessierte uns nicht. Tennis war für Leute, die viel Geld hatten, weiße oder rote Kabrios fuhren, weiße Sachen anhatten und bestimmt alle schon einmal in Paris gewesen waren. Wir hatten den Tennisspielern da oben ganz sicher ein paarmal zugeschaut, aber wir waren nicht besonders interessiert. Ich kann mich auch nicht erinnern, daß ich jemals Kinder auf den Plätzen hätte spielen sehen. Es müssen Kinder dagewesen sein, weil ich inzwischen weiß, daß auch damals Kinder Tennis gespielt haben müssen, aber ich kann mich nicht an Kinder erinnern. Vielleicht waren diese Tenniskinder unsichtbar für uns, weil sie weiße Sachen anhatten, sogar weiße Socken, und wir waren Kinder, die keine weißen Socken hatten und die oft völlig verdreckt und mit blutigen Knien nach Hause kamen. Die manchmal erst nach Hause kamen, nachdem sie sich im Krankenhaus einen ausgekugelten Ellbogen hatten einrenken lassen. Ich sehe mich jetzt - genau jetzt! – wie ein Spiegelbild in den Augen meiner Mutter ziemlich verdreckt und mit blutigen Knien nach Hause kommen, den rechten Arm in einer weißen Schlinge.

Als wir unser Zelt am Rand des Stadtparks aufschlugen, waren wir keine Kinder mehr. Wir kamen nicht mehr verdreckt nach Hause. Wir hatten keine aufgeschlagenen Knie mehr. Wir waren vierzehn, und wir waren zwei Jungs, die eigentlich nach Paris gehörten. Die bald zu jemandem sagen würden *Save the last dance for me*, und die sich schon darauf freuten, obwohl sie gar nicht wissen konnten, daß sie das einmal sagen würden. Es war einfach so, daß die Zukunft eine ganze Menge für sie auf Lager hatte. Das wußten sie allerdings. Sie konnten es kaum mehr erwarten. Konnten kaum mehr erwarten, was da alles käme.

Als wir unser Zelt am Rand des Stadtparks aufschlugen, hatte es eine Woche lang fast ununterbrochen geregnet, aber das konnte uns nicht abschrecken. Als das Zelt stand, schaute mein Freund mich grinsend an und sagte: Ich mag Paris im Regen!

Am ersten Morgen wachte ich früh in unserem Zelt auf, wahrscheinlich, weil ich immer früh aufgewacht bin. Mein Freund schlief immer lange, und ich zog einfach los, in den Wald hinein, der unser Stadtpark war, an ein paar Höhlen vorbei und über eine Brücke und wieder zurück, und irgendwann hörte ich ein Geräusch, und als ich stehenblieb und mich auf das Geräusch konzentrierte, hörte ich, daß dieses Geräusch von den Tennisplätzen herunterkam: *Plopp, plopp.* Es war das *Plopp, Plopp* von Tennisbällen.

Weil ich nichts Besseres zu tun hatte, schlenderte ich langsam nach oben, stellte mich an den Zaun des Tennisclubs und schaute den beiden Leuten, einem Mann und einer Frau, die als einzige da waren, beim Spielen zu. Sie hatten beide ihre Trainingsjacken an, weil es ja noch ziemlich kühl war. Es war kurz nach sechs, und nach einer Woche voller Regen sollte man um diese Tageszeit wirklich mit einer Trainingsjacke spielen.

Ich stand da draußen, hatte mich halb hinter einen Busch gestellt, schaute den beiden zu und versuchte, die Regeln zu verstehen. Sie spielten ein Match und ich begriff nicht wie sie zählten ... 15 ... 30 ... 40 ... Einstand ... Vorteil ... es war ziemlich verwirrend. Ich verstand das nicht, also gab ich es auf und wollte schon wieder gehen, als die beiden plötzlich laut lachten. Laut und lange. Sie lachten ganz begeistert über einen Schlag, den die Frau gemacht hatte und von dem ich heute weiß, daß man so etwas vielleicht nur zweimal oder dreimal im Jahr hinbekommt.

Die Frau hatte ein wunderbares, volles Lachen. Es war die Art von Lachen, die den Himmel aufreißt, auch wenn es eine Woche lang fast ununterbrochen geregnet hat. Die Regentropfen verschwinden von den Blättern der Bäume, die Rehe im Wald bleiben stehen und horchen auf dieses Lachen, die Vögel hören auf zu zwitschern, und ich blieb auch einfach stehen, da hinter meinem Busch, und schaute den beiden weiter zu.

Als sie den ersten Satz, den einzigen Satz, den sie spielten, beendet hatten, spielten sie noch ungefähr eine Viertelstunde völlig frei. Das ist etwas, das wahrscheinlich jeder Tennisspieler kennt: wenn am Ende eines Matches noch Zeit ist, fünf oder zehn Minuten oder vielleicht sogar eine Viertelstunde, und man den Ball einfach fliegen läßt. Man hat noch die ganze Konzentration des Matches, und gleichzeitig überkommt einen eine absolute Gleichgültigkeit, eine merkwürdige Art Glück, so absolut, daß das Spiel sich selber spielt. Die beiden Leute auf dem Platz sind nur Werkzeuge des Spiels. Metaphysische Wurschtigkeit hat das einmal jemand genannt. Das ist gar keine schlechte Definition. Und damals, in dem Sommer, als ich vierzehn war, habe ich das zum ersten Mal gesehen. Die beiden da draußen spielten nicht um Punkte, nicht, um zu gewinnen – sie spielten, um zu fliegen. Um abzuheben. Aber das merkte ich an diesem ersten Tag noch nicht. Das merkte ich erst am dritten oder vierten Tag, als ich sie fliegen sah, abheben sah. Als ich sah, daß sie vollkommen gelöst waren. Sich fast auflösten im Licht. Als ich sah, daß die Sonne über die beiden kam wie das Glück. Als ich sah, zum dritten Mal oder zum vierten Mal, wie die beiden am Ende ans Netz liefen und sich umarmten, und wie sie dann sich langsam voneinander lösten, bis sich nur noch ihre Fingerspitzen berührten, lange, lange, lange.

Danach zogen sie mit den großen Matten den Platz ab und gingen langsam nebeneinander zum Ausgang und zum Clubhaus hinüber wie am Ende eines Films. Und ich, das einzige Publikum, das sie hatten, wartete, bis sie nach einiger Zeit wieder herauskamen und in ihre Autos stiegen. Wahrscheinlich zwei Kabrios, ein rotes und ein weißes. Es könnten auch ein Fiat 500 und ein VW-Käfer gewesen sein, aber in meiner Erinnerung, die jetzt schon so alt und so schillernd ist, sind es immer zwei Kabrios. Wahrscheinlich, weil sie in meiner Erinnerung reiche Leute sind. Wer konnte es sich denn im Sommer 1960 sonst schon leisten, am frühen Morgen auf einem Tennisplatz einfach abzuheben und fast zu verschwinden?

Sie kamen jeden Tag. Jeden Morgen. Sie kamen nicht am Samstag oder am Sonntag, aber sie kamen an jedem anderen Tag. Anscheinend hatten sie am Wochenende etwas anderes zu tun. Ich nicht. Ich stand morgens am Rand der leeren Tennisanlage und wartete auf sie, die nicht kommen würden. War traurig. Meinem Freund erzählte ich nichts von den beiden. Für ihn war es einfach so, daß ich morgens früh aufwachte, durch den Stadtpark zog und darauf wartete, daß er aufstand.

Am Mittwoch nach dem ersten Wochenende, während die beiden da draußen ihr Match spielten, machte ich mir Gedanken über das Alter des Mannes. Ich hatte mir noch nie zuvor Gedanken über das Alter irgendwelcher Erwachsener gemacht. Sie waren einfach Erwachsene, und mehr hatte mich nie interessiert. Mein Großvater sah älter aus als meine Onkel oder Tanten, aber das war es dann auch schon für mich.

Wenn der Mann, der da draußen mit dieser Frau Tennis spielte, die so ein großes, hinreißendes Lachen hatte, keine grauen Haare gehabt hätte, dann hätte ich über sein Alter gar nicht nachgedacht. Aber er hatte ziemlich graue Haare, und sie hatte langes schwarzes Haar, das sie zu einem Pferdeschwanz zusammengebunden hatte. Ich hätte nicht sagen können, wie alt sie beide waren. Ich wußte nur, daß etwas mit ihrem Alter nicht stimmte.

Jetzt, so viele Jahre später und aus der Höhe meiner Erfahrung kann ich über die beiden sagen, daß sie sehr viel jünger gewesen sein muß als er. Sehr viel jünger war. Sie hätte gut seine Tochter sein können. Und wenn sie zehn Jahre älter gewesen wäre, hätte sie immer noch seine Tochter sein können. Sie waren sehr weit auseinander.

Aber sie war nicht seine Tochter, auch wenn ich das zuerst dachte. Ich begriff das erst, als ich den Brief fand, den ich dann gestohlen habe, obwohl ich mir das alles schon früher hätte denken können. Wenn sie sich am Ende umarmten, war es anders, als wenn zwei Leute, ein Mann und eine Frau, am Ende eines Matches ans Netz laufen und sich kurz umarmen. Und es war auch nicht so, wie ein Vater seine Tochter umarmt. Man umarmt seine Tochter nicht so. Und seinen Vater umarmt man auch nicht so. Und Väter und Töchter berühren sich auch nicht an den Fingerspitzen so, als könnten sie sich nicht mehr voneinander lösen.

Wenn sie früh am Morgen spielten, war nie jemand anders auf den Plätzen zu sehen. Und auch sonst habe ich nie jemanden bemerkt, einen Spaziergänger oder Pilzesammler oder sonst jemanden. Es waren immer nur die beiden und ich. Diese ganzen zwei Wochen lang. Und sie haben mich nie gesehen. Ich stand gebannt hinter meinem Busch wie ein verhexter Geist, der zwei Leuten beim Tennisspielen zuschaute, spürte, daß da außer dem Spiel noch etwas ablief, das er nicht kannte und natürlich auch nicht begriff. Etwas, das ich vielleicht erst jetzt begreife, so viele Jahre und Jahrzehnte später. Aber vielleicht täusche ich mich auch, und alles war ganz anders und ganz einfach, und es gab nur das, was ich sah – zwei Leute, die sich gerne mochten und fast jeden Tag miteinander Tennis spielten. Nichts, das die Welt groß interessieren konnte. Aber warum zum Teufel haben sie sich dann so lange an den Fingerspitzen berührt, so lange, daß sogar ich hinter meinem Busch es spüren konnte. Ich, den sie nie gesehen haben.

Ja, ich bin ganz sicher, daß sie mich nie gesehen haben.

Einmal allerdings hätten sie mich fast gesehen. Sie waren nach dem Spiel beim Duschen, und ich schlich mich an ihre beiden Autos heran. Ich weiß nicht mehr, warum ich das getan habe, aber ich glaube, vierzehnjährige Jungs wollen alles herausfinden, wenn sie einmal irgendwo ein Geheimnis vermuten.

Ich schlich ganz vorsichtig zu ihren Autos hinüber und sah auf dem Beifahrersitz eines der beiden Autos einen Brief liegen und daneben einen Briefumschlag ohne Briefmarke. Ah, ich glaube jetzt doch, daß wenigstens eines der Autos ein Kabrio war, weil ich sonst wohl nicht einfach den Brief vom Beifahrersitz hätte nehmen können. Der Brief bestand aus vier Blättern, ungefähr DIN-A 5, und gerade, als ich die Blätter hochhob und zu lesen anfangen wollte, hörte ich ein Geräusch, das vom Clubhaus herkam – einer von den beiden war schon mit dem Duschen fertig und kam jetzt heraus!

Ich schoß panisch hoch wie ein aufgescheuchtes Tier, warf die Blätter auf den Beifahrersitz und rannte davon, hinüber in den Wald, der unser Stadtpark war. Ich weiß nicht mehr, wann ich bemerkt habe, daß ich eines der Blätter noch in der Hand hatte. Wahrscheinlich lehnte ich atemlos an einem

Baumstamm, als ich nach unten schaute und sah, daß ich dieses Blatt in der Hand hatte.

Ich bin jetzt in einem Alter, in dem man spätestens anfangen sollte, alte Dokumente zu vernichten, Tagebücher, Briefe, Fotos, Notizen ... man schaut sich die Fotos wieder an, man liest alles, oder doch sehr viel, noch einmal, weil man es ja aufgeschrieben hat, damit man es später noch einmal lesen kann, sehen kann, wie man sich verändert oder wie man sich nicht verändert hat. Sehen kann, was alles passiert ist und was nicht passiert ist. Sehen kann, was man weiß und was man nicht weiß. Nie wußte. Nie erfahren wird.

Ich zerschneide das Papier und die Fotos mit einer großen Schere, die zehn Klingen hat, fünf auf jeder Seite. Ein Shredder würde mich nur zornig und ungeduldig machen, weil Shredder ziemlich oft klemmen, und man sollte nicht zornig und ungeduldig sein, wenn man die Spuren seines Lebens noch einmal betrachtet und sie dann verschwinden läßt. Und letzten Sommer fand ich unter diesen Sachen die Seite aus dem Brief, die ich vom Beifahrersitz eines Autos gestohlen habe, das wahrscheinlich ein Kabrio war. Es ist die erste Seite dieses Briefs, mit Ort und Datum und Anrede, und dann geht es in einer nicht ganz leicht zu entziffernden Handschrift weiter:

Last night I dreamt I had a letter from you, two or three sheets of yellow stationery in a yellow envelope. I recognized your handwriting. I pulled the folded sheets out about one third, and then the letter vanished. Usually letters do that only in nightmares, but that wasn't a nightmare. It's really a shame. I would very much have liked to know what women write to me in my dreams.

Was für ein schöner Anfang! Ich weiß nicht, ob ich das damals auch gedacht habe. Wahrscheinlich nicht. Wahrscheinlich hab ich gedacht, *Oh, ein Amerikaner!* Wir hatten eine kleine amerikanische Garnison in unserer Stadt, und nach den grauen Haaren des Mannes zu schließen, mußte er ein General sein oder mindestens ein Oberst. Und dann habe ich wahrscheinlich gedacht, daß unsere Garnison zu klein war für einen General oder Oberst, also mußte er etwas anderes sein. Oder vielleicht war die Frau eine Amerikanerin. Ich werde das nie erfahren, und es ist ja auch nicht besonders wichtig.

Viel wichtiger ist, wie der Brief, geöffnet und wahrscheinlich auch gelesen, auf den Beifahrersitz kam. Ich hatte fast gar keine Erfahrung mit Briefen, die man an Frauen oder Mädchen schreibt, aber ein bißchen was wußte ich auch. Im Jahr davor, als ich dreizehn war, hab ich einen Brief an ein sehr schönes Mädchen geschrieben. Mit der Schreibmaschine meiner Mutter, damit niemand an der Schrift sehen konnte, daß der Brief von mir war. Und natürlich habe ich den Brief nicht mit der Post geschickt, weil sonst wahrscheinlich ihre Eltern ihn in die Hand bekommen hätten, sondern ich habe ihn in einen Umschlag gesteckt und ihn dem Mädchen irgendwann auf der Straße gegeben. Ich habe nie eine Antwort darauf bekommen, aber das ist jetzt nicht mehr wichtig.

Wichtig ist, daß der Brief auf dem Beifahrersitz auch nicht frankiert war, sondern der Mann hatte ihn der Frau einfach so gegeben, weil vielleicht niemand etwas davon erfahren durfte. Und dann, als sie sich umgezogen hatten, war die Frau schon fertig, als der Man noch um Umkleideraum war, und sie hat sich ins Auto gesetzt und den Brief aufgemacht und gelesen, und als der Mann dann aus dem Clubhaus kam, hat sie den Brief eben auf den Beifahrersitz gelegt.

So kann es zugegangen sein, daß der Brief geöffnet und fast nachlässig auf dem Beifahrersitz lag. Und jetzt, heute, kommt mir zum ersten Mal der Gedanke, wie es noch gewesen sein kann: Sie hat sich ins Auto gesetzt, den Brief aufgemacht, und genau in diesem Augenblick kam der Mann heraus, und sie hatte keine Zeit mehr zum Lesen und hat den Brief einfach auf den Beifahrersitz geworfen, weil jetzt erst einmal die eineinhalb Stunden kamen, auf die sie vielleicht schon die ganze Nacht gewartet hatte.

Wenn es so war (und ich glaube jetzt fast, daß es so gewesen sein muß), dann hat sie den Anfang des Briefs, diese erste Seite, die ich habe, nie gelesen. Sie hat das nie gelesen: *I would very much have liked to know what women write to me in my dreams.* Sie hat das nie gelesen, und sie hat nie darüber gelächelt, so daß es jetzt so ist, daß der Mann auf dem Tennisplatz und ich die einzigen auf der Welt und in der Geschichte der Menschheit sind, die diesen Satz kennen. Ich bin ziemlich sicher, daß wir die einzigen sind, auch wenn das ein ganz einfacher Satz ist, der aussieht, als hätte ihn jeder schreiben können, als wäre er fast beiläufig hingeschrieben worden. Ich glaube aber, daß noch nie zuvor und nie danach jemand diesen Satz geschrieben hat.

Ich habe in den letzten Wochen und Monaten viel über die beiden nachgedacht. Das ging so weit, daß ich manchmal auf der Straße gedacht habe, ich hätte sie gesehen. In diesen Wochen und Monaten ist mir klar geworden, daß dieser Brief der *Anfang* eines Briefwechsel war und nicht einfach ein Brief mittendrin, sonst hätte der Mann ja nicht geschrieben, er habe geträumt, daß er einen Brief von ihr bekommen hatte. Einen Brief von ihr zu bekommen war also etwas Außergewöhnliches, etwas, das zuvor vielleicht noch nie passiert war.

Aber was war zuvor passiert? Es muß sehr viel passiert sein, wenn zwei Leute so miteinander Tennis spielen. So spielen, daß am Ende ihre Fingerspitzen nicht mehr voneinander lassen wollen.

Was war passiert? Sie hatten vielleicht das, was manche Leute eine Affäre nennen, etwas, das in einer kleinen Stadt nicht lange verborgen bleiben kann. Sie haben sich irgendwann einmal kennengelernt. Irgendwo in der Öffentlichkeit. Im Theater. Auf einem Fest. An irgendeinem Ort, an dem viele Leute anwesend waren. Eine Frau von vielleicht dreißig Jahren und ein Mann, der mindestens doppelt so alt war. Zwei Generationen. Ein Gespräch zwischen zwei Generationen. Witzig, aufgeräumt, von Lachen unterbrochen, und dabei oder beim nächsten oder übernächsten Mal ist etwas passiert, das zunächst immer allen verborgen bleibt, auch irgendwelchen mißgünstigen alten Weibern.

Was war passiert? Es ist gut möglich, daß die Frau verheiratet war und zwei kleine Kinder hatte. Sie hatte einen Mann und zwei kleine Kinder und vielleicht auch noch einen Hund. Und der Mann mit den grauen Haaren hatte vielleicht auch zwei Kinder (die schon längst irgendwo anders lebten), und er hatte eine Frau und vielleicht auch einen Hund. Sie waren beide vollkommen in ihr Leben eingebettet, und es gab keinen Grund auszubrechen. Ich kann mir das gut vorstellen.

Ja, ich kann mir das gut vorstellen: Sie wollten nicht ausbrechen, und sie konnten auch nicht voneinander lassen.

Und natürlich gab es noch etwas anderes: Sie waren sehr weit auseinander. Die junge Frau hätte gut seine Tochter sein können. Und wenn sie zehn Jahre älter gewesen wäre, hätte sie immer noch seine Tochter sein können.

Es war wie es war. Sinnlos. Hoffnungslos. Irrsinnig.

Ich weiß nicht, natürlich nicht, ob sie jemals darüber geredet haben. Vielleicht sind sie einfach fast zufällig an irgendeinem Morgen, hoffnungslos, irrsinnig zum Tennisspielen gefahren. An irgendeinem Morgen in der Mitte des vergangenen Jahrhunderts, als die Tennisschläger noch aus Holz waren. Der Mann hatte vielleicht irgendwann gesagt, daß er jeden Morgen vor der Arbeit Tennis spielt, und die junge Frau mit dem hinreißenden Lachen fand das eine sehr gute Idee.

Alle anderen fanden das auch eine sehr gute Idee.

Ein unschuldiges Spiel an einem unschuldigen Morgen.

An vielen unschuldigen Tagen.

Ein Kampfsport mit großer körperlicher Distanz.

Ein Lachen, das den Himmel aufreißt.

Körper, die sich in die Luft strecken und vor Glück strahlen.

Fliegen und abheben und fast aus der Welt verschwinden.

Das ist die Form, die ihre Liebe annahm.

Kein Stoff für die mißgünstigen alten Weiber dieser Welt.

Keine Affäre, sondern etwas, das dauert.

Und was war sonst noch alles? In einer kleinen Stadt läßt es sich kaum vermeiden, daß man sich öfter zufällig trifft, auf der Straße oder irgendwo sonst. Und schließlich waren sie beide im selben Club, aber ich glaube nicht, daß sie da zusammen gespielt haben oder im Mixed bei irgendwelchen Turnieren. Aber sie werden sich sicher bei Festen getroffen haben. Und dann gab es eben wieder ein Gespräch zwischen zwei Generationen. Witzig, aufgeräumt, von Lachen unterbrochen, und alle wußten, daß die beiden jeden Tag, fast jeden Morgen, miteinander Tennis spielten. Aber was konnte denn an einem Morgen zwischen sechs und acht schon passieren? Was konnte denn da schon sein, außer ein bißchen Spaß beim Tennis? Man sah sie sonst nirgendwo in der Stadt alleine. Ich kann mir gut vorstellen, daß sie nie miteinander geschlafen haben.

Ich habe in diesen letzten Monaten viel an die beiden gedacht. Wie das alles weitergegangen ist. Wie lange es weitergegangen ist. Ich habe den Anfang dieses Briefs über ein halbes Jahrhundert lang in einer Schublade gehabt, zusammen mit anderen Spuren meines Lebens.

Der Mann muß schon lange tot sein.

Die junge Frau mit dem Lachen, das den Himmel aufreißen kann, ist jetzt eine alte Frau. Sie ist vielleicht auch schon tot, aber ich will nicht, daß sie tot ist. Hoffentlich hat sie ihr Lachen nicht verloren.

Wir teilen jetzt alle drei ein Geheimnis miteinander. Und der Mann und ich werden nie erfahren, was Frauen uns in unseren Träumen schreiben. Oder vielleicht doch.

ALLES

– für Michael, für Alla, für Fiamma

Die Straße war später in seiner Erinnerung schwarzweiß oder grau, und sie spiegelte sich in einem weiten mächtigen Himmel, und das Auto war schwarz, obwohl es in Wirklichkeit vielleicht rot war, und der Junge war schwarzweiß, und die Farbe ihrer Fingernägel war ein sehr dunkles Grau, obwohl sie in Wirklichkeit rot waren, so rot wie ihre Lippen, und sie war schon fünfzig Meter an dem Jungen, der am Straßenrand stand und den Daumen hochhielt, vorbeigefahren, als sie stoppte und zurücksetzte. Sehr schnell zurücksetzte, fast als wollte sie ihn überfahren.

Der Wagen war ein Kabrio, wahrscheinlich rot. Aber später, in der Erinnerung, schwarz. Vielleicht auch in Wirklichkeit schwarz. Ein Alfa. Ein *Giulietta Spider*, und sie fragte ihn etwas in ihrer Sprache, die er nicht verstand, aber es war klar, was sie ihn fragte. Schließlich war er am Straßenrand gestanden und hatte den Daumen hochgehalten.

Wo willst du hin? sagte sie in ihrer Sprache. Was hätte das auch sonst heißen sollen?

Irgendwohin, sagte er in seiner Sprache. Er hätte *anywhere* sagen können, aber er sagte es nicht.

93

Sie schaute ihn prüfend an und sagte noch einmal: Wo willst du hin?

Irgendwohin, sagte er. Ich will da hin, wo du hin willst.

Irgendwohin. Ich will da hin, wo du hin willst. Er war für sechs Wochen von zu Hause weg. Wollte an keinen bestimmten Ort. Stand am Straßenrand, hielt den Daumen hoch und fuhr immer dahin, wo die Leute hinfuhren, die für ihn anhielten. Er hatte sicher oft auf die Frage, wo er denn hin wolle, gesagt: Nehmen Sie mich einfach so weit mit, wie Sie fahren. Das war bestimmt der Satz, den er auf seiner Daumenreise am häufigsten gesagt hatte. Aber jetzt, später, und später war immer jetzt, jetzt und später war es so, daß sie die einzige war, zu der er gesagt hatte: *Ich will da hin, wo du hin willst.*

Sie hatte ihr langes Haar zu einem Pferdeschwanz gebunden, und sie trug ein kurzes schwarzes Kleid, und ihre Haut war braun, ein sandiges Braun, so als wäre der Sand und das Salz des Meers immer bei ihr, und ihr Haar war dunkelbraun, sehr dunkelbraun, so daß es fast schwarz war, und aus der Entfernung wirkte es auch schwarz, aber es war nicht schwarz, es war nur ganz dunkelbraun, wie ihre Augen, sogar in dem Schwarzweißfilm, der die Erinnerung war, konnte man sehen, daß ihr Haar nicht schwarz war, sondern daß die Farbe ihres Haars genau an der Grenze von Dunkelbraun und Schwarz lag. An dieser atemberaubenden Grenze, wie der Junge später, als er älter war, dachte.

Damals, als er zu ihr ins Auto gestiegen war, dachte er das nicht. Er wußte gar nichts. Er schaute ihr Haar an, ihre Nase, betrachtete zurückhaltend wie ein schüchterner Spion ihre Knie. War dabei so zurückhaltend, daß er eigentlich gar nicht hinschaute, so daß diese Knie nur in seinem Kopf existierten. Aber das genügte, und er sagte noch einmal (sie waren schon eine halbe Stunde unterwegs): Ich will da hin, wo du hin willst.

Sud? sagte sie, ohne ihn anzuschauen.

Sud, sagte er und schaute ihre Knie an.

Eine halbe Stunde später war er sich nicht mehr so sicher, ob er da hin wollte, wo sie hinwollte, weil sie in einem verrückten Tempo über die engen Straßen und vor allem durch die engen Kurven fuhr. Er stemmte die Beine gegen den Boden des Wagens und hielt sich an der Tür fest. Sie fuhr wie eine Verrückte, den Blick immer nach vorne gerichtet, aber sie fuhr sehr gut. Sicher. Allerdings immer am Rand des Abgrunds oder am Rand einer Felswand. Sie fuhr wie jemand, der das schon seit hundert Jahren machte, und er fragte sich, wie alt sie eigentlich war. Sie war bestimmt schon fünfundzwanzig oder sechsundzwanzig. Er wollte sie fragen, wie alt sie war, aber er wußte nicht, wie man das auf Italienisch ausdrückte, also deutete er auf seine Brust und wollte *neunzehn* sagen, aber er wußte nicht, was neunzehn hieß. Er kannte nicht einmal die italienischen Zahlwörter über zehn.

Nineteen, sagte er jetzt.

Oh, sagte sie. *Diciannove*. Sonst nichts. Sie wollte ihm anscheinend ihr Alter nicht verraten. Er schaute jetzt ihre Knie ganz unverhüllt an, als könnten sie ihm eine Antwort auf seine Frage geben, die er gar nicht ausgesprochen hatte.

Sie lächelte. Es war eines der wenigen Male, daß sie an diesem Tag lächelte. *Ventuno*, sagte sie. Und als er nicht reagierte, sagte sie: *Twenty-one*.

Natürlich! Das hätte er sich denken können. *Ventuno* konnte gar nichts anderes heißen als einundzwanzig. Sie mußte ihn für sehr blöde halten, aber er war froh, daß sie nicht fünfundzwanzig oder sechsundzwanzig war. Leute, die älter waren als fünfundzwanzig, hätten genausogut fünfzig oder sechzig sein können, so weit waren sie von ihm entfernt.

Am Abend fuhr sie von der großen Straße ab und hielt nach ein paar Kilometern bei einem Restaurant. Sie setzten sich in den Garten, der schon im Schatten lag, und er versuchte, während des Essens Konversation zu machen, aber sie hatte anscheinend keine Lust zum Reden oder sie konnte nicht genug Englisch. Er wußte später, jetzt, daß sie fast gar kein Englisch konnte, und er kam nie dahinter, ob sie in der Lage war, weiter als bis einundzwanzig zu zählen. Einmal, drei oder vier Tage später, sagte er auf deutsch zu ihr: Nächstes Jahr lernst du dann zweiundzwanzig dazu. *Twenty-two.*

Ventidue, sagte sie und lachte und küßte ihn und schubste ihn in den Pool, weil sie gerade neben dem Pool standen. Aber sie war sofort wieder ganz ernst. Er hatte das Gefühl, sie hätte ihn auch von einer Klippe geschubst, wenn sie gerade auf einer Klippe gestanden wären.

Die Wahrheit war, daß sie kaum Englisch konnte. Sie sah aus, als wäre sie schon überall in der Welt gewesen und als hätte sie schon sehr viele Dinge erfahren, von denen er noch nicht einmal wußte, daß sie existierten, aber sie konnte kaum Englisch. In den Jahrzehnten danach hatte er diese Erfahrung immer wieder gemacht: Es gab wenig Leute in Italien, die Englisch konnten, auch Ärzte und Zahnärzte oft nicht, und wenn er zornig war und sich über irgendetwas ärgerte, dann sagte er in diesen Jahrzehnten oft: Ich glaube, die meisten Italiener sind konstitutionell blöde. Aber das hatte nie etwas mit ihr zu tun. Außerdem wollte sie an diesem ersten Abend im Garten dieses Restaurants anscheinend wirklich nicht reden. Er war froh, daß eine kleine Musikkappelle kitschige Schlager spielte. Er war es nicht gewohnt, mit jemandem an einem Tisch zu sitzen und nicht zu reden.

Der Junge wollte bezahlen, als der Kellner mit der Rechnung kam, aber sie sagte nur *no*, und ihre Augen sagten: *Du hast doch kein Geld. Du hast doch nur deinen Daumen.*

Ein paar Minuten später ging sie in das Restaurant hinein und kam mit zwei Schlüsseln wieder. *Diciannove*, sagte sie, als sie ihm einen der Zimmerschlüssel gab. Er las die Zahl auf dem anderen Schlüsselanhänger und sagte: *Ventuno*. Dann packte sie mit einem schnellen Griff seinen Schlüssel und hielt jetzt beide Schlüssel in der Schale ihrer Hände, als würde sie Wasser auffangen. *Quaranta*, sagte sie wie jemand, der genau weiß, was er tut, und auch wenn der Junge nur die Zahlwörter bis zehn konnte, wußte er, daß das vierzig hieß, daß sie beide zusammen vierzig waren, und sie warf die Schlüssel hoch in die Luft, und er fing den ihren auf und sie den seinen. Zufall? Glück? Er wußte es nicht. Aber er wußte, wußte das ziemlich genau, wußte das damals und jetzt, daß sie alleine weitergefahren wäre, wenn es sich anders ergeben hätte.

Quaranta war eine berühmte römische Göttin. Oder Hexe, sagte er am nächsten Tag zu ihr, als sie wieder in dem *Giulietta Spider* auf der Straße waren, und von diesem Augenblick an nannte er sie nur noch Quaranta. Und sie fuhr wieder wie eine Verrückte. Wie jemand, der ganz dringend an einen bestimmten Ort muß. Oder wie jemand, der nirgendwohin muß, nirgendwohin will. Jemand, der sich hart am äußersten Rand der Welt bewegt, wissen will, wie weit er noch hinausgehen kann. Wie jemand, der diesen Rand hinter sich lassen will.

Der Junge hatte Angst. Angst vor einem Unfall. Angst vor dem Tod. Angst, sie könnten über eine Klippe stürzen, gegen eine Felswand rasen. Quaranta …, sagte er manchmal, aber sie schaute ihn nur an.

Wenn sie hinter dem Lenkrad saß und den Wagen am äußersten Rand der Welt entlangsteuerte, war ihr Gesicht ganz ruhig, neutral. Konzentriert. Sie war einfach eine schöne junge Frau, die kompetent gegen alle Regeln verstieß. Gegen die Regeln der Selbsterhaltung. Gegen die Regeln der Vernunft. Wahrscheinlich auch gegen die Regeln der Physik. Aber wenn sie nicht im Auto saß, dann lag auf ihrem Gesicht ein Ausdruck von Leidenschaft, den der Junge nie zuvor bei jemandem gesehen hatte. Er nannte es damals auch nicht Leidenschaft. Er hatte gar kein Wort dafür. Er spürte nur, was mit ihm und mit ihr passierte – sie kam aus dem Meer, und er stand am Ufer und sah ihr Gesicht. Und war in ihren Armen. Sie war in einem Geschäft, um ein bißchen Obst zu kaufen, und er wartete vor dem Laden auf sie, und als sie zufällig zu ihm herausschaute, konnte er nicht mehr da stehenbleiben. Er ging in den Laden, nahm ihre Hand und zog sie zwischen den anderen Kunden heraus auf die Straße und in den Wagen.

Danach, an diesem Tag und an allen anderen Tagen, wenn sie miteinander geschlafen hatten und sie zu ihm herunterschaute oder er zu ihr, oder wenn sie dann nebeneinander lagen und sich anschauten, war es immer nur der Gedanke oder das Gefühl, daß das nicht alles gewesen sein konnte, daß es immer weitergehen mußte, immer und immer wieder, jetzt gleich, immer wieder. Es konnte kein Ende geben, außer sie stürzten beide über den Rand der Welt in irgendein Nichts. Und er hatte keine Angst vor diesem Nichts. Die ganzen neunzehn Jahre seines Lebens waren nur ein Weg hierher gewesen. Es würde vielleicht keine anderen neunzehn Jahre mehr geben, aber was spielte das schon für eine Rolle?

Diesen Ausdruck auf ihrem Gesicht, für den er damals kein Wort hatte und den er später Leidenschaft nannte, obwohl das vielleicht auch nicht das richtige Wort dafür war, diesen Ausdruck hatte er später nur noch zweimal gesehen. An Frauen, irgendwo auf der Straße. Es war jedes Mal nur für Sekunden gewesen, aber diese Augenblicke rissen ihn wieder zurück zu ihr, auch wenn er sich wehrte und sich sagte, das seien nur Masken. Masken der Leidenschaft auf dem Liebesmarkt. Eine sehr hohe und seltene Form von Attraktivität. Aber er ließ sich sehr gerne zu ihr zurückreißen und wußte, daß das nichts mit dem Liebesmarkt und der Wahl des besten aller möglichen Begleiter im besten aller möglichen Leben zu tun hatte. Ihr Gesicht war das Gesicht von jemandem, der alles will und das sofort, weil es keine Zukunft gibt. Der alles will, wofür er gemacht ist, weil das Leben vielleicht nur einen Tag dauert. Oder sieben Tage. Und der Junge wußte, nicht damals, wenigstens zuerst noch nicht, aber später und jetzt, daß das Leben nur wie ein Tag war. Oder sieben Tage.

Gegen Ende des zweiten Tages fuhren sie auf dieser schmalen gewundenen Straße der Steilküste nach Süden. Am Meer entlang. Am Rand der Welt, und der Junge hatte hundertmal, tausendmal, Angst, sie würden abstürzen, stemmte die Beine gegen den Boden des Wagens und hielt sich an der Tür fest. Klammerte sich fest, um nicht aus dem Wagen geschleudert zu werden.

Irgendwann bog sie ab, und sie fuhren auf einer schmalen Serpentinenstraße, die kein Ende nahm, einen Berg bis ganz nach oben hinauf in eine kleine Stadt. Sie parkte den Wagen auf dem Stadtplatz. Dann stiegen sie aus. Sie holte ihre kleine Reisetasche aus dem Kofferraum und er seinen Rucksack. Sie wollte losgehen, aber er schaute sie an. Dann schaute er den Wagen an. Sie hatte das Verdeck noch nicht zugemacht, aber sie lächelte einfach und ging los. Er verstand das nicht. Man konnte doch den Wagen nicht die ganze Nacht über so hier stehen lassen. Was war, wenn es regnete? Sie mußte entweder sehr reich sein oder wirklich verrückt. *Wenn der Wagen naß wird, kaufen wir morgen eben einen neuen.*

Sie gingen durch die Straßen der Stadt, immer mehr oder weniger in eine Richtung, und die Straßen wurden immer enger. Sie kamen durch eine Gasse, die links und rechts von Häusern und dann nur noch von Mauern eingesäumt war, und irgendwann bogen sie nach links in eine ganz schmale Gasse zwischen sehr hohen Mauern ein. Die Gasse führte nach unten (man konnte das Meer sehen) an einem Haus vorbei und wurde dann zu einem Weg, der abwärts und dann parallel zum Meer verlief. Sie kamen in ein kleines Wäldchen und gingen weiter, immer parallel zum Meer, und auf einmal standen sie vor einem großen Swimmingpool, vielleicht sechzehn Meter lang und sieben Meter breit. Es war kein modernes Schwimmbecken mit einem türkisfarbenen Anstrich, sondern das Wasser war graubraun, aber klar. Das Becken war wahrscheinlich schon vor dem Krieg gebaut worden, der schließlich erst zwanzig Jahre her war.

Vom Pool aus sah man die schmale Seite eines Hauses, das vielleicht noch dreihundert Meter entfernt war. Je näher sie kamen, desto deutlicher sah er, daß das Haus eine Villa war, mit drei Stockwerken, und sie war an den äußersten Rand des Felsens gebaut, der steil nach unten abfiel. Das Haus klebte am Felsen wie ein Schwalbennest. Niemand war zu sehen, kein Mensch.

Als sie direkt vor dem Haus standen, holte sie einen großen alten Schlüssel aus ihrer Reisetasche und sperrte auf. Dann drehte sie sich um und küßte ihn, bevor sie hineingingen. Im Haus war es dunkel, und überall waren fast alle Möbel mit weißen Tüchern bedeckt, die aussahen wie Betttücher. Er hatte das schon einmal in einem Film gesehen. Die Leute waren für längere Zeit verreist und deckten ihre Möbel mit Leintüchern zu, so daß ihr Haus wie ein Geisterhaus wirkte.

Überall waren die Rollos heruntergelassen, oder hatte das Haus Fensterläden? Er konnte sich später nicht mehr daran erinnern, aber sie zog die Rollos hoch oder machte die Fensterläden auf und öffnete alle Fenster im ganzen Haus, während er stumm hinter ihr herging und über die Eleganz dieser Zimmer staunte, die auch durch die Leintücher nicht verdrängt werden konnte. Er fragte sich, wem das Haus wohl gehörte. Ob es das Haus ihrer Eltern war oder Freunden gehörte, oder ob sie es nur über den Sommer hüten sollte. In einem der oberen Zimmer blieb er stehen, ließ den Blick über eine Wand von oben nach unten gleiten und dann von unten nach oben und sagte:

Your parents?
Sie schaute ihn nur an.
Friends?

Sie schaute ihn einfach nur an.

Your lover?

Sie schaute ihn an, als würde sie geduldig darauf warten, bis er seine Litanei beendet hatte und sie weitergehen konnten. Er versuchte es auf Lateinisch:

Parentes?

Keine Reaktion.

Amici?

Dann zögerte er kurz und sagte: *Amator?*, aber das klang wie Traktor, und er sagte: *Amans?*

Sie lächelte über sein Zögern und ging weiter. Schließlich mußte dieses Haus gründlich gelüftet werden.

Später, in der Küche, schaute er ihr zu, wie sie etwas zu essen machte. Er hätte ihr gerne geholfen, aber er kannte diese Sachen alle nicht. Es waren einfache Sachen, aber er sah sie hier zum ersten Mal, sah, wie sie zwei kleine Teller nahm und mit einem merkwürdig stumpfen und breiten Messer dünne Flocken von einem großen Stück Käse abschnitt, der natürlich Parmesan war, aber er hatte noch nie Parmesan gegessen, kannte noch nicht einmal das Wort, und dann schnitt sie zwei Knoblauchzehen (er hatte noch nie Knoblauch gegessen) zu ganz dünnen Scheiben und mischte sie unter die Parmesanflocken und dann gab sie Olivenöl über das Ganze, nicht zuviel und nicht zuwenig und mischte alles noch einmal. Ganz einfach sah das aus, und es war so köstlich, daß es später zu einer seiner liebsten Vorspeisen wurde. Sie tranken Wasser und Wein dazu, Weißwein, und als sie mit der Weinflasche und dem Korkenzieher auf die Terrasse hinauskam, wollte er den Wein aufmachen, aber sie schüttelte nur den Kopf. *Du hast doch nur deinen Daumen*, hieß das. *Und ich bin eine Frau, die alles kann.* Das war nur eine ganz kleine Sache, und es würde immer eine ganz kleine Sache bleiben, aber später, viel später, zwanzig Jahre später vielleicht, war er bei einer Tante zu Besuch, die gerade Witwe geworden war, so wie man volljährig wird, und die für ihren Besuch eine Flasche Sekt aufmachen wollte und sich dabei fast das Auge ausschoß. Sie hatte noch nie in ihrem langen Leben eine Sektflasche aufgemacht. Und wahrscheinlich auch keine Weinflasche. Hatte nie eine Chance dazu gehabt. Dabei war das wirklich nur eine kleine Sache, im Gegensatz zu einem ausgeschossenen Auge, und seine Freude darüber, daß keine der Frauen, die er gekannt hatte, sich je mit einem Sektkorken ein Auge ausschießen würde, war auch eine kleine Sache, aber er dachte oft, wenn er bei Einladungen die Leute beobachtete, daß er auf die Augen dieser Gastgeberinnen nicht wetten würde.

Es war ein heißer Tag gewesen, es war immer noch sehr warm, und sie hatte in der Küche schon die Hauptspeise vorbereitet, hatte einfach einen Schwung ganz kleine Tomaten halbiert und in eine Schüssel getan. Er hatte noch nie so kleine Tomaten gesehen, von denen er erst später wußte, daß sie Kirschtomaten oder Cocktailtomaten genannt wurden. Dann warf sie eine ganze Hand voll Oregano, den er auch nicht kannte, zu den halbierten Tomaten in die Schüssel, schnitt noch einmal eine Knoblauchzehe in ganz feine Scheiben und gab ein paar Spritzer Olivenöl dazu und etwas Essig, Salz und grob gemahlenen Pfeffer, vermischte das Ganze mit heißen Spaghetti und stellte die beiden großen Teller auf den Tisch, und keiner von ihnen wußte, daß der Junge später, immer und immer wieder, an heißen Tagen diese Spaghetti mit Cocktailtomaten essen würde.

Als Nachspeise gab es Pfirsiche und Aprikosen, aber sie aßen das Obst nicht mehr am Tisch. Sie hatten sich für die Nachspeise zwei Liegen auf die Terrasse geholt. Wir essen jetzt wie die alten Griechen und Römer, sagte er. Sie schaute ihn fragend an. Mit ganz großen Augen. Dann veränderte sich ihr Blick. Ganz weit hinten in ihren Augen war ein Lachen. Ein ganz kleines hexenhaftes Lachen, und in diesem Augenblick fing es ganz leicht zu regnen an.

Du bist eine berühmte römische Hexe, sagte er und spürte, daß der Regen heftiger wurde. Das kleine Lachen in ihren Augen wurde stärker. Wahrscheinlich gefiel ihr das Wort Hexe. Der Klang dieses Wortes, und er sagt es noch einmal: Hexe, und jetzt lachte sie, nahm ihr Weinglas und schüttete ihm ihren Wein ins Gesicht, und bevor er noch etwas sagen oder tun konnte, war sie schon über ihm, lachend, dunkel, mit dem Salz und dem Sand des Meers, und er bog den Kopf zurück und schaute zu den offenen Fenstern der Villa hoch. *Wir sollten vielleicht die Fenster zumachen, falls der Regen stärker wird*, hieß dieser Blick. Aber sie schaute ihn nur mit demselben Lächeln an, mit dem sie das Verdeck des Alfa offengelassen hatte.

Ah, ja, sagte er. Zum Teufel mit der Villa. Wenn das Haus überschwemmt wird, kaufen wir morgen eben ein neues.

Nach dem Frühstück, bei dem sie nebeneinandersaßen, weil sie so die ganze Zeit das Meer und den Himmel und einen Teil der Küste vor sich hatten, stand sie auf, trat hinter ihn, schlang beide Arme um seinen Hals und flüsterte ihm ins Ohr: *Napoli?*

Das bißchen Luft, das sie bei diesem Wort ausstieß, ging bis in seine Zehnspitzen. Er spürte ihren Atem durch seinen

Körper ziehen. Er wollte, daß sie das noch einmal sagte und tat so, als habe er nicht verstanden.

Napoli? flüsterte sie noch einmal, und wieder wanderte ihr Atem durch seinen Körper.

Napoli? flüsterte er.

Napoli, flüsterte sie und biß ihn ins Ohrläppchen, und er biß sie in die Hand, und auf der Fahrt im Wagen achtete er auf Häuser, die – wie die Villa – nicht mit dem Auto zu erreichen waren und mit überhaupt keinem Fahrzeug. Wenigstens mit keinem, das vier Räder hatte. Das lenkte ihn ein bißchen von seiner Angst beim Fahren ab und von dem mächtigen Zugriff der Fliehkraft, den er immer wieder, in jeder Kurve, spürte. Er fragte sich, wie diese Häuser gebaut worden waren, mit wieviel Anstrengung und Schweiß, und wie viele Leute dabei wohl abgestürzt waren. Er hätte das gerne gewußt und danach gefragt, aber sie hatten keine Sprache, in der er sie so etwas Kompliziertes hätte fragen können.

Neapel machte, als sie in die Stadt hineinfuhren, einen ziemlich verlotterten Eindruck, und der Verkehr war ein einziges wildes Durcheinander. Chaotisch, aber sie hatte kein Problem, sich darin zurechtzufinden. Schließlich fuhr sie ja genauso wild wie alle diese Leute hier. Genauso chaotisch. Er hatte damals nur dieses Wort dafür: chaotisch. Aber in Wahrheit war der Verkehr in Napoli nicht chaotisch, sondern anarchisch. Später, nur ein paar Jahre später, als er sich für den Anarchismus als die einzig interessante Lebensform für freie Menschen begeisterte, erklärte er den Anarchismus immer am Beispiel des Straßenverkehrs in Napoli: In Neapel, sagte er dann. In Neapel kommt einem der Verkehr zuerst chaotisch vor, wie ein heilloses Durcheinander.

Aber dann merkt man, daß er nicht chaotisch ist, sondern anarchisch – er funktioniert. Alle kommen weiter, manchmal sogar ziemlich elegant. Und was machen schon ein paar Kratzer ab und zu?

Er wäre in Neapel gerne ins Nationalmuseum gegangen, aber als er *Museo?* sagte, lächelte sie nur nachsichtig. Fürs Museum gäbe es noch andere Tage und andere Anlässe. Sie nahm ihn an der Hand, und sie zogen den ganzen Tag und einen großen Teil der Nacht durch die Altstadt, neugierig wie zwei Kinder, sie gingen in Hinterhöfe und in dunkle Treppenhäuser und hielten sich immer, fast immer, an der Hand, und dann tanzen sie. Sie tanzten durch die Stadt, durch die dunklen Treppenhäuser, und wenn sie Hunger hatten, dann aßen sie, und wenn sie Durst hatten, dann tranken sie, und dann tanzten sie wieder weiter, und wenn sie sich küssen wollten, dann küßten sie sich. *Wir haben eine Spur von Küssen durch diese Stadt gezogen,* dachte er später oft, und die Leute, fremde Leute, die gar nicht so fremd waren, nickten ihnen zu und lächelten und grüßten sie und sagten lachend Dinge, die er nicht verstand.

Einmal gingen sie in eine leere Kirche, die wie viele Kirchen in Italien keinerlei spirituelle Ausstrahlung hatte (aber das fiel ihm erst später auf, viel später), sondern bloß eine Anhäufung von gleichgültigem religiösem Krimskrams war. Die Kirche war genauso tot und kalt wie die Frauenkirche in München, nur daß die Frauenkirche sauberer und aufgeräumter war und man nicht gleich bemerkte, was für eine religiöse Rumpelkammer das war. Er hätte damals nicht sagen können, was mit dieser Kirche in Neapel nicht stimmte. Die Wendung *spirituelle Ausstrahlung* war eine Definition, für die er noch zu jung war, noch nicht lange genug auf der Welt. Später sagte er Aura, und wieder später, als ihm dieses Wort zu pathetisch war, nannte er es Ausstrahlung, auch wenn er immer noch Aura meinte – etwas, das einen erfaßte, ganz sanft zuerst, und nie wieder losließ. Er spürte, da in Neapel, nur die Kälte, die von diesem Krimskrams ausging. Quaranta stand ganz still neben ihm. Sehr lange. Und alles, was in dieser Kirche strahlte, hatte nichts mit diesem Krimskrams zu tun, sondern es kam von ihr. Irgendwann nahm er ihr Gesicht in seine Hände und sagte: Wir haben noch keinen Fehler gemacht, oder?

Sie schaute ihn nur an.

Wir haben noch keinen Fehler gemacht, oder? sagte er noch einmal.

Sie sagte kein Wort, aber er wollte, daß sie etwas sagte, also sagte er: Hexe! Und jetzt lächelte sie. *Si,* sagte sie. *Si, si.*

Seine Hände lagen noch lange auf ihrem Gesicht, und sie legte ihre Hände auf sein Gesicht, da in dieser unbewohnten Gruft, die sich Kirche nannte, und lange, sehr lange, standen sie so da, bis sie sich auflösten, bis sie sich – so kam es ihm vor – ineinander auflösten, unsichtbar wurden, so wie die Spur von Küssen, die sie durch die Stadt gezogen hatten, und am nächsten Vormittag gingen sie zwischen den anderen Touristen durch Pompeji, aber er kam sich nicht vor wie ein Tourist, und sie gehörte hierher, in diese Stadt, die vor fast zweitausend Jahren untergegangen war, und er war ihr Gast, kein Tourist, sie hatte ihn eingeladen, und sie kannte alle Häuser hier und die Luft in den Ruinen und die Leute und die Küsse, die keiner mehr sehen konnte, sie wußte das alles, kannte das alles, die Küsse und die Stimmen, bewegte sich in dieser untergegangenen Stadt wie jemand, der hier aufgewachsen war. Dageblieben war für immer, und sie zog ihn von Straße zu Straße, von Haus zu Haus, von Säule zu Säule, von Kuß zu Kuß, sie zog ihn zurück, weit zurück, zweitausend Jahre und noch weiter, *Wo willst du hin? Wo willst du hin?* sagten ihre Augen immer wieder, sagten ihre Hände, sagte ihr Körper, und er sagte immer wieder, *Ich will da hin, wo du hin willst,* und er ging mit ihr, überallhin, und er fuhr mit ihr zurück zur Villa, durch tausend bedrohliche Kurven, und nach dem Essen, als es dunkel wurde, gingen sie in das große Wohnzimmer, und er legte sich auf eine Couch. Sie ging zu einem Regal, holte ein Buch heraus und zeigte ihm den Umschlag: Plinius, *Epistulae.* Die Briefe von Plinius dem Jüngeren.

Er hatte in Pompeji im Vorbeigehen gehört, wie die Reiseführerin einer amerikanischen Touristengruppe erwähnt hatte, daß Plinius der Ältere, *Pliny the Older,* wie sie sagte, beim Ausbruch des Vesuvs im Jahre 79 ums Leben gekommen sei, und daß sein Neffe, *Pliny the Younger,* an den Historiker Tacitus einen Brief geschrieben habe, in dem er den Ausbruch des Vesuvs und den Tod seines Onkels beschrieb. Der Junge hatte sich, da in Pompeji, geschämt, daß er das nicht gewußt hatte. Jemand wie er sollte solche Dinge eigentlich wissen.

Quaranta ging jetzt mit dem Buch zu der anderen Couch, setzte sich, schlug das Buch an einer bestimmten Stelle auf, schaute ihn an und sagte: *Allora.* Dann fing sie an, ihm den lateinischen Text vorzulesen, als wäre es selbstverständlich, daß er Latein verstand, wenn er schon nicht Italienisch konnte. Und das stimmte ja auch; er hatte in den letzten Jahren immer seinen lateinischen Wortschatz von dreitausend Wörtern gerühmt und gesagt, damit könne er jeden Text knacken, aber jetzt merkte er, daß er Texte nur knacken konnte, aber nicht verstehen, wenn sie jemand vorlas. Das hatten sie nicht gelernt, und sie las jetzt den Brief des Plinius mit ihrer schönen rauhen Stimme, und ihre Stimme kam von weither, aus der alten lateinischen Zeit, und sie hatte einen italienischen Akzent, obwohl das damals gar nicht möglich war, weil das Italienische noch gar nicht existiert hatte, und als sie merkte, daß er zwar etwas verstand, aber nur einzelne Wörter, daß er die Sätze buchstabieren mußte und sie schon zwei Sätze weiter war, wenn er eine Konstruktion aufgelöst hatte, da las sie ganz langsam weiter, was ihm auch nicht viel half, und sie las noch langsamer in dieser Sprache, die er eigentlich nicht verstand, die er nur zerlegen konnte. Dann, nach einer kurzen Pause, fing sie wie in einer magischen Litanei den Brief noch einmal von vorne an, *Plinius grüßt seinen Tacitus,* und der ältere Plinius hatte offensichtlich von der Mutter seines Neffen erfahren, daß eine außergewöhnlich große Wolke aus dem Vesuv aufstieg. Er beobachtete die Wolke wie ein Wissenschaftler, und dann – sie las jetzt den Brief zum dritten Mal, *Plinius grüßt seinen Tacitus* – dann begriff er allmählich die Gefahr und ließ sich auf einem Boot in die Zone der Gefahr steuern und diktierte furchtlos alles, was er von dem Unglück beobachten konnte. Asche fiel auf die Schiffe, kam immer heißer und immer dichter herunter, und dann rief er seinem Steuermann zu, er solle zu einem Freund Pomponianus fahren, und er tröstete seinen Freund und ließ sich, um dem Freund die Angst zu nehmen, ins Bad tragen und speiste danach in aller Ruhe und Gelassenheit. *Ich bade und esse in aller Ruhe, also kann das alles nicht so schlimm sein.*

Die Flammen, die aus dem Vesuv kamen, wurden immer heftiger (der jüngere Plinius grüßte seinen Tacitus jetzt zum vierten Mal), und der ältere Plinius erklärte dieses Feuer damit, daß die Bauern ihre Herdfeuer im Stich gelassen hätten und ihre Höfe jetzt abbrannten, kein großer Anlaß zur Sorge also, aber ein großer Trost in der Katastrophe, bloß ein paar wirre Bauern. Er und Pomponianus und die anderen überlegten, ob sie in den Häusern bleiben sollten, die dauernd von dem Beben erschüttert wurden, oder ob sie nach draußen gehen sollten. Sie entschieden sich fürs Draußenbleiben, legten sich als Schutz gegen die herabfallenden Steine Kopfkissen auf den Kopf, die sie mit Leintüchern (oder Leinentüchern?) festbanden.

In der Nacht (Plinius grüßte seinen Tacitus jetzt zum fünften Mal), in dieser Nacht, schwärzer und dichter als alle Nächte, gingen sie zum Strand, weil sie sehen wollten, ob das Meer schon die Ausfahrt zuließe. Aber das Meer war noch viel zu stürmisch. Plinius der Ältere legte sich an den Strand und ließ sich kaltes Wasser reichen. Die anderen flüchteten vor dem Schwefelgeruch in den Qualm, und als es Tag wurde, fand man Plinius an der Stelle liegen, an der er sich hingelegt hatte. Der Körper unversehrt, ohne Verletzung. Er sah eher aus wie ein Schlafender. Nicht wie ein Toter.

Sie hatte ihm diesen Brief jetzt fünfmal vorgelesen, und er schämte sich dafür, daß das nötig gewesen war. Trotzdem war er froh, daß er verstanden hatte, was in dem Brief stand. Er bewunderte diesen Plinius, der die anderen noch tröstete, wo er schon wußte, daß alles verloren war. Daß die Welt unterging. Er ist gestorben wie ein richtiger Römer, sagte er jetzt. Sie schaute ihn herausfordernd an. Aber er konnte das nicht auf Lateinisch sagen. Seine Scham hatte ihm die Sprache verschlagen, und diese stolzen dreitausend Wörter waren alle untergegangen. Sie schaute ihn immer noch herausfordernd an. Er hat *gelebt* wie ein richtiger Römer, sagte er. Ihr Blick ließ ihn nicht los, und er sagte: Ich kann deine verdammte *lingua franca* nicht sprechen und du die meine nicht, und Englisch kannst du auch nicht, du römische Hexe. Und jetzt lächelte sie.

Es war schon längst dunkel, und sie stand auf, machte ein paar Kerzen an, holte zwei Weingläser und schenkte Wein ein. Dann setzte sie sich auf die andere Seite der langen Couch, auf der er lag, lehnte sich mit dem Rücken an die Armlehne, und er spürte, wie ihre Fußsohlen die seinen berührten, und dann, irgendwann, fing sie an zu singen. Ganz ruhig, leise, irgendwelche italienischen Lieder, ihre rauhe Stimme strich wie ein sehr angenehmer Wind über seinen Körper, im Rhythmus ihrer Lieder, und er dachte jetzt zum ersten Mal an die Zukunft. Daß er nicht mehr von hier wegwollte. Nicht mehr von *ihr* wegwollte. In diesem Haus konnten sie nicht bleiben. Das gehörte sehr reichen Leuten, ob das nun ihre Eltern waren oder irgendwelche Freunde oder ihr Liebhaber. Aber sie könnten nach Neapel gehen. Eine Wohnung in der Altstadt nehmen. Das konnte nicht so teuer sein. Und er würde im Herbst nicht an die Universität gehen, würde nicht studieren. Würde mit ihr in Neapel leben. Für immer. Würde irgendetwas arbeiten. Auf dem Bau oder sonstwo. Das Leben wären nur noch die Tage mit ihr. Heute und morgen und übermorgen und immer weiter und weiter, und Parmesan mit Knoblauch und Olivenöl und Spaghetti mit diesen kleinen Tomaten, das konnte auch nicht so teuer sein, und sie würden durch die Stadt und das Leben tanzen, so wie sie es neulich getan hatten, und sie würden immer wieder eine Spur von unsichtbaren Küssen durch die

Stadt ziehen, was wäre denn eine Stadt ohne diese Spur, und wenn die schlimmen Dinge kämen, die schweren Zeiten, dann würden sie das alles zusammen bestehen, sie konnten alles zusammen bestehen, es gab nichts, was sie umwerfen könnte, aber warum sollten denn überhaupt irgendwelche schlimmen Dinge kommen? Es gab überhaupt keinen Grund dafür.

Während sie sang und während er über die Zukunft nachdachte, sprachen ihre Fußsohlen und ihre Zehen miteinander, die ganz andere Pläne hatten als die Zukunft in Napoli oder sonstwo, und die Zukunft in Napoli sah aus wie irgendein eckiges Projekt, das nirgendwo hinpaßte, das sich irgendein Pedant ausgedacht hatte, wie kann sich jemand nur Gedanken um die Zukunft und den Rest des Lebens machen, wenn der morgige Tag genauso schön ist wie der heutige, oder wenn morgen vielleicht schon alles vorbei ist, und wenn es nicht vorbei war, dann war übermorgen auch noch ein Tag, aber jetzt, hier, in dieser Nacht war ihre Stimme die Zukunft, war ihre Stimme alles, was es gab. Er fand später, Italienisch keine schöne Sprache, eine kantige Maschinengewehrsprache, ein Haufen klapperndes Blech, nicht viel weniger häßlich als diese osteuropäischen Sprachen, die – wenn man sie geschrieben sah - aussahen, als hätte jemand einfach in die Tasten einer Schreibmaschine gehauen und hauptsächlich Konsonanten erwischt. Und die auch so klangen. Es dauerte lange, bestimmt fünfzehn Jahre oder mehr, bis er begriff, daß es mit den Sprachen war wie mit der Religion, daß es keine schönen oder häßlichen Sprachen gab, sondern daß es immer darauf ankam, wer sie sprach, wer sie sang, und jetzt, damals, war Italienisch die schönste Sprache der Welt, die einzige lebende Sprache, die man sprechen und singen können mußte, mit Ausnahme natürlich der Sprache, in der ihre Fußsohlen und Zehen sich miteinander unterhielten, und Quaranta schlang ihre Beine um seine Beine, oder war es umgekehrt? Schlang er seine Beine um die ihren? *Oh, Laokoon*, sagte er, und sie lächelte, er sah nicht, daß sie lächelte, aber er spürte es, ihr Lächeln war überall, und es ging weiter und weiter, bis die Lieder aufhörten, weil ihre Körper jetzt die Musik aufgenommen hatten, die Musik *waren*. Bis es nichts mehr gab als diese Musik.

Am nächsten Tag blieben sie hauptsächlich beim Haus. Schließlich war sie die Hüterin der Villa. Sie fuhren nur einmal mit dem *Giulietta Spider* zu einem Markt, um Obst und Gemüse einzukaufen. Sie schwammen im Pool, und sie kochten zusammen und saßen oft auf der Terrasse, beim Frühstück und abends und in der Nacht, und da war das Meer und der Himmel und ein Stück der Küste und die Erinnerung an Leute, die noch die Kraft hatten, andere zu trösten, obwohl sie wußten, daß die Welt unterging. *Das ist der schönste Blick der Welt*, dachte er oft, und die Welt war erst neunzehn Jahre alt, und er schaute mit diesem Blick in den Augen Quaranta an, die zwei Jahre älter war als die Welt, und er dachte: *Du wirst auch einmal noch ein Bad nehmen und in aller Ruhe gut essen, während die Welt untergeht.*

Dieser Blick von der Terrasse der Villa aus, die da am Rand der Welt und am Rand des Abgrunds stand, dieser Blick wäre noch da, wenn sie schon längst nicht mehr da wären, wenn ihre Welt schon längst untergegangen wäre, er war das, was später die Leute, die an Grundstückspreisen interessiert waren, mit einem komisch verkniffenen Wort bezeichneten – unverbaubar. Er kannte, später, einige Leute, die die Erfahrung machen mußten, daß dieser Begriff so instabil war wie die Grundstückspreise in schlechten Zeiten. Aber der Blick hier, vom Rand der Welt aus, dieser Blick war ewig. Sie hätten schon das Meer zuschütten und eine Mauer um den Himmel ziehen müssen, oder das Haus hätte schon abstürzen müssen. Aber warum sollte das passieren?

Am späten Nachmittag des fünften Tages fuhren sie an die Küste hinunter, und Quaranta führte ihn zu einer kleinen Bucht. Sie mußten sehr weit hinuntersteigen, bis sie bei der Bucht waren. Sie gingen ein paar Mal ins Wasser, und als Quaranta noch ein letztes Mal im Meer schwimmen wollte, hatte er keine Lust mehr, und sie schwamm alleine hinaus. Er blieb am Ufer. Lag einfach da und alles, was er wahrnahm, war das Rauschen des Meers und der leichte Wind, der über seinen Körper strich.

Als er sich nach vielleicht einer halben Stunde aufrichtete, um zu sehen, wo sie schwamm, war das Meer vollkommen leer. Kein Boot war zu sehen, kein Kopf, kein Mensch. Er drehte sich um und schaute die Felswand hoch, ob sie sich vielleicht da versteckt hatte, um ihn zu erschrecken. Aber ihr weißer Bikini war nirgendwo zu sehen. Sie war verschwunden. War vielleicht ertrunken – er drückte diesen Gedanken einfach weg, aber sein Körper bäumte sich auf, und er schrie, er wußte nicht, was er schrie, es waren keine Wörter, kein Name, es war etwas anderes, das er ins Meer hinaus und in den Himmel hinauf schrie, und er rannte ins Wasser und schwamm nach draußen, schwamm mit wilden Schlägen, bis er wußte, daß er langsam kraulen mußte, sich seine Kraft einteilen mußte. Besonders *er* mußte das tun.

Er war ein guter Schwimmer, aber er konnte nicht weit schwimmen, nur schnell. Er war Schlußmann in der Staffel gewesen, nur ein paar Wochen war das her, aber er hätte wohl keine tausend Meter schwimmen können, hatte das auch nie versucht, weil er wußte, daß er für die schnellen, kurzen Sachen gemacht war. Für die hundert Meter und die Hundertmeterstaffel. Beim Laufen war es dasselbe. Er war sehr schnell über die hundert Meter, elfzwei, und er war schnell über die zweihundert, aber schon die vierhundert Meter hatten ihn nie besonders interessiert. Und jetzt mußte er etwas tun, wofür er nicht gemacht war – sehr weit aufs Meer hinausschwimmen. Und falls sie noch lebte, falls sie nicht untergegangen war, mußte er sie wieder ans Ufer bringen. Was er nicht konnte. Was er ganz bestimmt nicht konnte. Aber daran dachte er nur einen Augenblick lang.

Er kraulte in langen, gleichmäßigen Zügen, machte manchmal einen Augenblick Pause, um zu sehen, ob er ihren Kopf irgendwo da draußen entdecken konnte. Aber da war nichts zu sehen. Nur das Meer und der Himmel, und er schwamm ins Meer und in den Himmel hinaus. Er spürte, wie seine Beine müde wurden, spürte einen starken Schmerz in der Brust, aber er würde weiterschwimmen, bis er sie fand. Oder bis er unterging. Was sollte er denn da hinten am Ufer und in der Welt, wenn sie nicht da war? Seine Arme wurden immer schwerer, und er wurde, wenn er nach vorne schaute, immer hoffnungsloser, nahm vor lauter Hoffnungslosigkeit fast nichts mehr wahr, und dann, auf einmal, kam ein ungeheurer Zorn über ihn, wie eine Woge, die ihn nach draußen trieb. *Neinneinnein!* Das Rauschen der Woge hatte nur dieses eine Geräusch – *Neinneinnein!* Und er schwamm langsam weiter, mit kräftigen Zügen, mit der ungeheuren Kraft des Zorns, und dann, auf einmal, sah er sie. Wie weit entfernt sie war, konnte er nicht sagen, aber er sah sie, sah ihren Kopf über dem Wasser, konnte nicht schreien, weil seine ganze Kraft, weil alles, was er hatte, in seinen Muskeln war, und dann sah er, wie sie ihm winkte, hörte, wie sie etwas rief, irgendetwas Fröhliches, ihr Winken war nicht das Winken von jemandem, der in Not ist. Sie winkte wie jemand, der sich freut, daß er einen zufällig auf einem großen Platz, mitten in einer Menschenmenge entdeckt hatte.

Als er atemlos und erschöpft bei ihr ankam, lachte sie. Sie freute sich, daß er zu ihr herausgekommen war. Sie wollte ihn küssen, aber das hätte er jetzt nicht gekonnt. Er machte nur eine Kopfbewegung auf das Ufer zu und schwamm los, schwamm zurück. Oder er schwamm gar nicht. Es waren nur seine Beine und seine Arme, die ihn zurückbrachten. Er konnte gar nichts dazu tun. Sein Körper war der Körper von jemandem, der verrückt geworden ist und für den Rest seines Lebens immer die gleiche Bewegung ausführt.

Er lag lange erschöpft am Ufer, wußte hinterher nicht, ob er bewußtlos gewesen war, nur irgendwann, als sie sich über ihn beugte und ihm übers Gesicht strich, sagte er ganz leise zu ihr: Das darfst du nie wieder tun. Hörst du? Nie wieder.

Sie schaute ihn nur an.

I'm a dashman, not a miler, sagte er.

Sie schaute ihn fragend an. Natürlich hatte sie das nicht verstanden.

Ich bin ein Sprinter, kein Meilenläufer, sagte er jetzt. Ich kann nicht so weit schwimmen, wie ich gerade geschwommen bin.

Dashman? sagte sie.

Ja, *dashman*, sagte er.

Dash? sagte sie, und er sagte: *Dash.*

Sie sagte ganz langsam, so langsam, wie man ein einsilbiges Wort nur aussprechen kann: *Dash*, und er wußte, daß das von jetzt an sein Name wäre. Sie würde ihn nie wieder anders nennen. Und dieser Name und dieser Augenblick waren immer bei ihm, wenn er später an irgendeinem Ufer stand und die Schwimmerin da draußen nicht aus den Augen ließ, sogar wenn er sie nicht mehr sehen konnte. Sie konnten alle sehr weit schwimmen, und sie taten das auch sein ganzes Leben lang, während er wie ein idiotischer Schutzengel an diesen Ufern stand und nie jemanden retten mußte.

Und du bist ganz alleine, ohne jede Begleitung über den Starnberger See geschwommen? sagte er zwei Jahre später in einer anderen Welt.

Ja, sagte sie.

Und wahrscheinlich war es auch noch Nacht, sagte er.

Wenn du meinst, sagte sie, und er sagte: Ich muß mir das alles noch mal überlegen, als hätte er die Wahl gehabt, irgendwo anders zu stehen als an diesen Ufern und zu hoffen und zu warten, und als seine Tochter anfing, weit hinauszuschwimmen, so weit, daß er sie fast nicht mehr sehen konnte, sagte er kein Wort, weil er wußte, daß er das alles nicht verhindern konnte. Er ließ es einfach geschehen.

Am sechsten Tag saßen sie gerade beim Abendessen auf der Terrasse, als das Telefon klingelte. Sie ging ins Haus und blieb bestimmt eine halbe Stunde. Vielleicht auch länger. Und je länger sie im Haus blieb, desto weiter und endloser dehnte sich sein Warten aus … vier, fünf, sechs Stunden. Sie würde nie wieder aus dem Haus kommen. Sie war verloren für immer. Er saß da, schaute aufs Meer und in den Himmel hinaus, als erwarte er, daß sie aus dem Meer kommen würde oder vom Himmel, denn aus dem Haus würde sie nie wieder kommen. Er drehte sich kein einziges Mal um, als wäre alles verloren, wenn er sich auch nur ein einziges Mal umdrehte. Als würde die Erde anfangen zu beben, der Himmel ins Meer stürzen und das Haus einfach in sich zusammenfallen.

Er hörte ihre Schritte, als sie herauskam. Drehte sich nicht um. Als sie hinter ihm stand, beugte sie sich vor und schlang die Arme um seinen Hals. Lange, sehr lange. *Wenn ich mich nicht umdrehe*, dachte er. *Wenn ich einfach so sitzen bleibe, dann kann sie es mir nicht sagen. Dann wird alles so bleiben, wie es war.*

Als sie sich dann wieder aufrichtete und ihn anschaute, waren ihre Augen ganz groß und schwarz. Sie schaute ihn nur an, und er wußte, daß alles so war, wie er gedacht hatte.

Er mußte nicht fragen:

Your parents?

Friends?

Your lover?

Er mußte das nicht fragen. Und er mußte auch nicht fragen:

Parentes?

Amici?

Amator? Amans?

Er mußte das alles nicht fragen, weil es nicht wichtig war. In keiner Sprache der Welt.

Er mußte das nicht fragen, weil ihre Augen sagten: *Du mußt morgen gehen. Wir haben nur noch eine Nacht und keinen Tag mehr.*

Er hatte keine Erinnerung an diese Nacht. Wußte nicht mehr, wie er das überstanden hatte. Wußte schon gar nicht, wie sie das überstanden hatte. Nach dem Frühstück (aber hatten sie überhaupt gefrühstückt?) packte er seinen Rucksack, und als er damit fertig war, ging er zu ihr hinunter. Sie stand vor ihm und nahm seine Hände in ihre Hände, und er sagte: *Autobus.* Das hieß, sie sollte ihn nirgendwo hinfahren. Er hängte sich den Rucksack über die rechte Schulter. Sie runzelte die Stirn, und das hieß: *Ich komme mit. Bis zur Piazza.*

Sie gingen langsam nebeneinander her. Er wußte gar nicht, wo seine Beine waren. Sie waren ganz schwer, und gleichzeitig waren sie überhaupt nicht da. Irgendetwas mußte jetzt passieren. Er konnte nicht von ihr weggehen. Vielleicht gab es ja ein Erdbeben, *und warum kann denn dieser verdammte Vesuv jetzt nicht ausbrechen!* Er hätte die ganze Welt geopfert, nur damit er dableiben könnte.

Sie waren ungefähr dreihundert Meter gegangen und kamen jetzt an dem dunklen Pool vorbei, und auf einmal spürte er einen Stoß in der Seite, verlor das Gleichgewicht und fiel in den Pool. Er sah, wie sein Rucksack zuerst fiel, in einem weiten Bogen, wie sonderbar, aber dann war er selber schon unter Wasser, wußte gar nicht, wo er war. Wartete einfach, bis der Auftrieb ihn wieder nach oben hob.

Als er aus dem Wasser auftauchte, sah er sie am Beckenrand stehen und lachen, und lachend streckte sie ihm die Hände entgegen, aber er ließ sich einfach noch einmal sinken, so wie man sich ins Glück sinken läßt, und da, unter Wasser, wußte er, was passiert war. Sie hatte ihn ins Wasser gestoßen oder ihm mit der Hüfte einen Schubs gegeben, weil sie nicht wollte, daß er ging. Das war noch viel wunderbarer als ein Erdbeben oder ein Vulkanausbruch.

Sie stand immer noch mit ausgestreckten Händen da, als er zum zweiten Mal auftauchte, und diesmal ließ er sich von ihr herausziehen. Er drehte sich zum Pool um, sah seinen Rucksack und sprang wie ein übermütiges Kind noch einmal ins Wasser. Diesmal half sie ihm nicht mehr heraus, aber als er neben ihr stand, umarmte sie ihn. Lange, so lange, daß ihr Kleid fast genauso naß sein mußte wie seine Sachen. Dann ging sie einen Schritt zurück und schaute ihn sehr ernst an. Oder amüsiert? *Ich hab dich nicht ins Wasser gestoßen*, hieß dieser Blick. *Du bist selber reingesprungen. Oder hast dich fallenlassen. Wie kann denn ein Rucksack in hohem Bogen durch die Luft fliegen, wenn jemand ins Wasser gestoßen wird?*

Er sagte nichts dazu, obwohl er wußte, daß sie ihn gestoßen hatte. Er war ganz harmlos am Pool entlanggegangen. Naja, nicht ganz so harmlos; er hatte Erdbeben und Vulkanausbrüche im Kopf gehabt, aber er hatte nie, keinen Augenblick, daran gedacht, in den Pool zu springen, konnte sich jetzt allerdings auch nicht mehr daran erinnern, ob sie ihn wirklich gestoßen hatte. Aber wie immer das zugegangen war – er war vollkommen naß, und die Sachen in seinem Rucksack waren vollkommen naß. Er konnte nicht gehen, bevor nicht alles wieder trocken war, und das bedeutete, daß sie noch einen Tag geschenkt bekommen hatten.

Als sie wieder am Haus ankamen, zogen sie sich vor der großen Tür aus, rannten nackt um die Wette in eines der Badezimmer im ersten Stock, stellten sich zusammen unter die Dusche und ließen das Wasser einfach laufen. Ließen es lange laufen, so lange, bis kein warmes Wasser mehr kam. Er sagte immer wieder: Du hast mich geschubst. Ich war ja eigentlich schon weg, aber du hast mich geschubst. Oder du hast was mit deiner verdammten römischen Hüfte gemacht, und sie zog ihn wieder an beiden Ohren zu sich heran und lachte bloß.

Er hatte das, später, gar nicht so spät und viel später, noch zweimal erlebt. Das war kein Unfall, hatte eine andere Hexe in einem anderen Jahr und in einer anderen Welt gesagt. Du bist absichtlich über diese Böschung gefahren, und sie mußten dich so ramponiert zu mir bringen, und das nur, weil ich an diesem Nachmittag keine Zeit hatte und du bei niemand anderem sein wolltest. Nicht einmal bei dir selber. Aber das war nicht so gewesen. Er war nicht absichtlich über diese Böschung gefahren. War plötzlich von der Straße abgekommen, und als er wieder aufwachte und die Sanitäter ihn nach seinem Namen und seiner Adresse fragten, wußte er nicht, was er sagen sollte. Er hatte offensichtlich für kurze Zeit das Gedächtnis verloren. Alles, was er wußte und dann auch sagte, war die Telefonnummer dieser anderen Hexe.

Und dann, das dritte Mal, wieder in einem anderen Jahr und wieder in einer anderen Welt, als er im Flur ihrer Wohnung ohnmächtig wurde: Du bist nicht ohnmächtig geworden. Ich hab das genau gesehen. Du bist *gesprungen*. Niemand macht einen Hechtsprung, wenn er ohnmächtig wird. Die Leute brechen dann einfach zusammen. Außerdem haben die Kinder es auch gesehen. Das stimmte allerdings. Sie waren alle drei im Flur gestanden und hatten zugeschaut, wie er einen Hechtsprung in die Ohnmacht gemacht hatte. Aber Kinder waren leicht zu beeinflussen. Wenn man ihnen etwas intensiv genug nahebrachte, dann hielten sie es für wirklich. Er hatte keine Erinnerung an diesen Hechtsprung, der diese ganzen Jahre über hinweg zum Standardrepertoire der Familiengeschichte gehörte und wahrscheinlich nie daraus verschwinden würde. Alle ihre Freunde hatten schon darüber gelacht. Und er sagte dazu jedes Mal, was er immer gesagt hatte, weil es seine Wahrheit war: Ich finde keine Schuld an mir.

Es war seltsam, das mußte man schon zugeben. Auch wenn er sich an nichts erinnerte und für ihn alles so war, wie er es sah. Aber vielleicht war es so, daß diese drei Hexen, so wie sie die Welt durchschauten, auch ihn durchschauten, mehr als er sich selber durchschaute. Sie durchschauten vielleicht sogar sein magisches Denken, auch dann, wenn er Dinge zum Kippen brachte, von denen er gar nicht wußte, daß er sie zum Kippen bringen wollte.

Sie hatten einen Tag gewonnen. Während er seine Sachen und den Rucksack zum Trocknen aufhängte, telefonierte sie noch ziemlich lange mit jemandem. Sie hatten diesen letzten Tag gewonnen. Am nächsten Tag würde sie mit ihm zur Piazza gehen, ohne daß jemand das Wasser des Pools berührte. Er würde in den Bus steigen, sich setzen, winken und sich danach nicht mehr nach ihr umdrehen, so wie sich sie auch nicht mehr nach ihm umdrehen würde. Er wußte das, weil er sich doch noch nach ihr umdrehen und sehen würde, wie sie einfach in die Straße hineinging, die in Richtung der Villa führte. Und er würde irgendwohin fahren: *Nehmen Sie mich einfach so weit mit, wie Sie fahren.* Ja, da würde er hinfahren.

Aber das war dann schon der achte Tag. Am siebten Tag aber holte sie aus einem Schrank eine Hose, die ihm zu weit war, ein Hemd, das ihm paßte und eine Unterhose, die auch irgendwie paßte. Sie gingen zum letzten Mal zu dem *Giuliet-*

ta Spider auf der Piazza und fuhren los. Nein, sie *flogen* los. Der Wagen schoß nach vorne, als wollte er aufs Meer hinausfliegen, ging an der Uferstraße in die Kurven, als wollte er die niedrigen Mauern, die die Straße einsäumten, ins Meer drängen, fuhr verhalten, aber zornig durch die Ortschaften und ließ dann seinem Zorn wieder freien Lauf.

Ja, sie fuhr noch verrückter als sonst, als wollte sie schnell, sehr schnell, wahnsinnig schnell, irgendwohin. An einen Ort, den nur sie kannte. Oder von dem nur sie wußte, daß es ihn gab. Daß es ihn vielleicht gab. Der Junge saß neben ihr und betrachtete ihr Gesicht, das sehr konzentriert und gleichmütig war, als ginge es um alles und gar nichts, und er versank in der Schönheit dieses Gesichts, nein, er versank nicht, ihre Schönheit machte ihn fassungslos, sie war vollkommen wirklich, Augen, Mund, Nase, Kinn, was war das denn, das ihn so absolut fassungslos machte, er fand kein Wort dafür, jetzt nicht und später nicht, aber er hatte einmal gedacht, *Sie ist schön wie das Schicksal,* später hatte er das gedacht, viel später, als er wußte, was das hieß, aber jetzt wußte er das noch nicht, jetzt saß er nur absolut fassungslos neben ihr in diesem fliegenden Wagen, und ihr langes Haar flog im Fahrtwind, ihr Haar, das dunkelbraun war, sehr dunkelbraun, so daß es fast schwarz war. Sie trug ein dünnes blaues Kleid, und ihre Haut war braun wie immer, wie von Anfang an, ein sandiges Braun, so als wäre der Sand und das Salz des Meers immer bei ihr, und jetzt erst merkte er, daß er nicht wie sonst die Beine gegen den Boden des Wagens stemmte und sich an der Tür festhielt.

Er wußte nicht, was seine Beine und seine Hand machten. Sie mußten irgendwo sein, aber das kümmerte ihn nicht. Er hatte keine Angst mehr, es gab nur diesen Flug und diese

Schönheit und eine seltsame Sehnsucht, das alles für immer zu begreifen, nein, nicht zu begreifen, sondern wahrzunehmen und darin zu verschwinden, und das Leben dauerte nur einen Tag, oder sieben Tage, das war das Gesetz, sein Gesetz und ihr Gesetz, sie waren zwei Wesen, Menschen (aber spielte das eine Rolle? Sie waren, was sie waren), und die Zeit, die ihnen gegeben war, waren ein Tag oder sieben Tage, in denen sich dieses Leben erfüllte oder nicht erfüllte, es gab keinen zweiten Versuch, keine Verlängerung, und er war jetzt auf eine merkwürdige Art heiter, unverwundbar, er hatte alles gehabt, was man an diesem einen Tag, an diesen sieben Tagen, haben konnte. *Wir sind bloß* dafür *gemacht,* dachte er. *Nur* dafür. *Und jetzt verschwinden wir in diesem Flug.* Das war das erste Mal in seinem Leben, daß er keine Angst vor dem Tod hatte.

INHALTSVERZEICHNIS

Vorwort : : : 7

Die letzten Großen Ferien : : : 9

Tennis auf Camelot : : : 27

Vincent : : : 37

Die Amsel : : : 41

Elaine : : : 69

Nur wir drei : : : 77

Alles : : : 93

Die Erzählungen *Die Amsel, Nur wir drei* und *Alles* werden hier zum ersten Mal veröffentlicht.

Die letzten Großen Ferien war die Titelgeschichte meines zweiten, 1993 bei Maro veröffentlichten Buchs.

Tennis auf Camelot stammt aus *Siebenundsechzig Ansichten einer Frau* (Maro 1995).

Vincent ist eine Passage aus dem Roman *Der Tiger auf deiner Schulter,* der 1998 bei Schöffling erschienen ist, und *Elaine* ist ein Stück aus dem Roman *Ava,* der jetzt, im Frühjahr 2014, bei C.H. Beck in München herauskommt.